KLAUSUREN

Kunst Oberstufe

HECKES · KLEIN · SCHNACKENBURG · WILKES

STARK

Bildnachweis
Umschlag: Albrecht Dürer, Hieronymus Holzschuher, 1526,
Staatliche Museen zu Berlin, Gemäldegalerie

www.stark-verlag.de

Inhalt

Klausuren

Farbtafeln

Autoren:
Katja Heckes (Klausuren 1 bis 4),
Eva Sibylle Klein (Klausur 10),
Sebastian Schnackenburg (Klausuren 5 bis 9),
Gerlind Wilkes (Klausur 11)

Vorwort

Liebe Schülerinnen und Schüler,

ob Rembrandt oder Andy Warhol – mit diesem Band können Sie sich anhand ausgewählter Themen auf Ihre Klausuren im Fach Kunst vorbereiten.

Die Aufgabenstellungen decken wichtige Themen der Oberstufe ab. Zu jeder Aufgabe finden Sie ausführliche Lösungsvorschläge.

Die Klausuren sind bewusst unterschiedlich konzipiert. Einige sind kürzer und/oder durch einen praktischen Aufgabenteil ergänzt. Zwei der elf Klausuren werden mit erhöhtem Anforderungsniveau angeboten. Wählen Sie das aus, was den Anforderungen Ihres Unterrichts am nächsten kommt.

Zu allen Klausuren finden Sie Zeitvorgaben und eine maximal erreichbare Punktezahl. Versuchen Sie zunächst, die Aufgaben selbst zu bearbeiten, und schätzen Sie nach der Lektüre der Musterlösung die Qualität Ihres Ergebnisses ein.

Viel Erfolg – und dass Klausurenschreiben für Sie bald keine Kunst mehr ist – wünscht Ihnen

Ihr Stark Verlag

Stichwortverzeichnis

Sachregister

Werkregister

Personenregister

Kunst – erhöhtes Anforderungsniveau
Klausur 1 (180 Minuten)

Albrecht Dürer, Künstler der Renaissance
Aufgabe mit theoretischem Schwerpunkt
(Werkerschließung mit Kompositionsskizzen)

Albrecht Dürer (1471–1528)	*Das große Rasenstück*, 1503, Aquarell und Deckfarben auf Karton, 40,8 × 31,5 cm, Albertina, Wien
	Hieronymus Holzschuher, 1526, Öl auf Holz, 48 × 36 cm, Staatliche Museen zu Berlin, Gemäldegalerie

Aufgabenstellung — Punkte

1. Betrachten Sie die beiden Dürer-Bilder und geben Sie Ihren ersten Eindruck zu diesen wieder. — 10
2. Beschreiben Sie „Das große Rasenstück“ von Albrecht Dürer und fertigen Sie eine Analyseskizze an, die die Farb- und Formaspekte visuell veranschaulicht. — 15
3. Beschreiben Sie nun das Bild „Hieronymus Holzschuher“ von Albrecht Dürer. Analysieren Sie es anschließend, indem Sie Formen, Farben und Komposition, also die bildnerischen Mittel, benennen. Fertigen Sie Skizzen zur Verdeutlichung Ihrer Ausführungen an. — 35
4. Interpretieren Sie beide Werke, indem Sie Ihre Erkenntnisse aus den vorherigen Aufgaben mit einbeziehen. Stellen Sie außerdem dar, inwieweit die Bilder charakteristisch für die Zeit ihrer Entstehung, die Renaissance, sind. — 40

Abb. 1: Albrecht Dürer, „Das große Rasenstück", 1503, Aquarell und Deckfarben auf Karton, 40,8 × 31,5 cm, Albertina, Wien

Abb. 2: Albrecht Dürer, „Hieronymus Holzschuher", 1526, Öl auf Holz, 48 × 36 cm, Staatliche Museen zu Berlin, Gemäldegalerie

Anmerkung:

Der Schriftzug am oberen Bildrand besagt „HIERONYMUS HOLTZSCHUHER – IM JAHRE 1526 – IN SEINEM 57. LEBENSJAHR".

Lösungsvorschläge

1. *Hinweis: Notieren Sie sich zur Beantwortung der Frage alle Eindrücke, die Ihnen spontan zu den Bildern in den Kopf kommen. Im zweiten Schritt sortieren Sie diese und schreiben sie dann geordnet auf.*

   „**Das große Rasenstück**" von Albrecht Dürer zeigt im Hochformat einen zu den Seiten hin begrenzten Ausschnitt einer Wildwiese. Das Rasenstück ist mit dem kleinen Format dabei alles andere als „groß". Es sei denn, man bezieht es auf die Art und Weise der detaillierten Gestaltung der gezeigten Gräser, Knospen, Blütenstengel, Blätter, Erd- und Gesteinsbrocken, in „Großaufnahme". Die diversen Gräser-, Kräuter- und Pflanzenarten sind so naturnah gemalt, dass man meinen könnte, man betrachte eine Fotografie aus einem Botaniklehrbuch. Gesteigert wird diese Vorstellung von dem ungewöhnlichen Ausschnitt des Rasenmotivs: Unbegrenzt und aus der Froschperspektive gemalt, wirkt das Bild eher wie eine Naturstudie und weniger wie ein selbstständiges Bildmotiv. Versucht man das Bild einer Gattung zuzuordnen, so gehört es zur Gattung des Stilllebens.
   Die Farbpalette ist sehr zurückgenommen. Differenzierte Grüntöne bestimmen das Aquarell insbesondere in der Bildmitte. Nach unten hin vermischen sich diese mit Braun- und Beigetönen, die den Erdgrund darstellen. Im oberen Bildbereich ist ein trüber Himmel zu sehen, in den die Gräser hineinragen und sich farblich kontrastreich deutlich absetzen. Das so fein ausgestaltete Bild deutet auf eine reiche Naturkenntnis und genaue Beobachtungsgabe des Künstlers hin.

   Dürers Porträt von **Hieronymus Holzschuher** ist sehr realistisch gemalt. Man vermeint den strengen Blick des Porträtierten zu spüren – so direkt schaut er den Betrachter an. Obwohl er ernst dreinblickt, verleihen die warmen Farbtöne, die das Bild bestimmen, sowie der große, flauschige Pelzkragen, den man aufgrund seiner gekonnten illusionistischen Darstellung fast zu fühlen meint, dem Bild etwas sehr Harmonisches. Auch das weich fallende Haar und der bauschige Bart tragen zu diesem Eindruck bei. Durch den skeptischen, durchdringenden Blick des Porträtierten werden wir unmittelbar ins Bildgeschehen hineingezogen. Seine leichte Wendung nach rechts sowie sein schwerer, geschlossener Mantel erzeugen jedoch auch Distanz. Diese wird durch die vornehme Erscheinung des Mannes unterstrichen, der seiner kostbaren Kleidung zufolge wohl einem höheren gesellschaftlichen Personenkreis angehört. Der Porträtierte scheint vor einer hellen Zimmerwand zu stehen; am oberen, linken Bildrand erkennt man in goldenen Lettern verfasst einen Schriftzug.

2. *Hinweis: Strukturieren Sie Ihre Beschreibung klar und nachvollziehbar. Finden Sie dafür eine schlüssige, sinnvolle Reihenfolge. Beschreiben Sie immer vom Hauptmotiv kommend zu den Nebenmotiven hin. Bleiben Sie dabei sachlich und nehmen Sie keine Wertungen vor. Veranschaulichen Sie in der Analyseskizze insbesondere die Bildgliederung, die Formkontraste und den Aufbau des Aquarells.*

„**Das Große Rasenstück**" ist ein Aquarell im Hochformat mit den Maßen 40,8 × 31,5 cm. Albrecht Dürer malte es im Jahre 1503. Es befindet sich heute in der Albertina in Wien. Das Bild zeigt ein Stück Wildwiese mit verschiedenen Gräsern und Kräutern vor niedrigem Horizont. Im Vordergrund erkennen wir sumpfiges Erdreich mit Moospartien, aus dem das zartgliedrige Wurzelwerk der Pflanzen seine Feuchtigkeit zieht. Das Bildzentrum liegt nicht in der Mitte, sondern eher in der linken Bildhälfte. Auf der rechten Seite im Bildmittelgrund breitet eine Pflanze ihre Blätter aus, bestehend aus zwei hellen Blattpaaren sowie einem größeren, das dunkel gen Himmel ragt. Unter diesen, fast an die Erde gedrückt, befindet sich ein noch junges Blattwerk einer anderen Pflanzenart, wie die Blattform verrät. Überdeckt wird es von einem schmalen, feingliedrigen Fächerblatt, das sich schräg zur Bildmitte streckt. Es mündet an einer weiteren Blattrosette. Von dieser sowie von den flächigen Blättern ausgehend wird der Blick nach links in einen undurchdringlichen Pflanzenwuchs gelenkt, in dem die zackigen Blätter des Löwenzahns auszumachen sind. Zum linken Bildrand hin folgen ihm paarig geordnete Blätter. Als Kontrapost zum verdichteten Gewirr wie auch zur dunklen Erdscholle im unteren Bildteil ragen mehrere hohe, unterschiedlich entwickelte Grashalme in den oberen Bildteil, der höchste ragt sogar über den Bildrand hinaus. Mit ihnen heben sich auch drei rötlich verblasste Löwenzahnstengel mit verblühten Köpfen in den Himmel. Dieser farblose Himmel, der das Bild nach oben hin abschließt, ist ungestaltet. Die Leere, die er zeigt, stellt einen deutlichen Kontrast zum gezeigten Wirrwarr der Wiese dar und beruhigt das Bildgeschehen. Am rechten Bildrand erkennt man noch ein kleines Stück Bodenbegrenzung. Nach links hin verdichtet sich dann der Wuchs. (Vgl. auch Analyseskizze 1.)

3. *Hinweis: Beschreiben Sie in sinnvoller Reihenfolge sachlich und strukturiert das Dargestellte. Gehen Sie dabei vom „Großen" ins Detail. Analysieren Sie dann die formale Gestaltung des Bildes, indem Sie Formkomposition, Farbigkeit und Lichtführung verständlich darstellen. Ihre Skizzen sollen Ihre Darstellung veranschaulichen. Beziehen Sie diese in Ihre Ausführungen ein.*

Das Brustporträt von **Hieronymus Holzschuher** malte Dürer 1526 in Öl auf Holz im Hochformat mit den Maßen 48 × 36 cm. Im Dreiviertelprofil blickt der Dargestellte den Betrachter direkt an. Sein blondes Haar hebt sich kaum von dem hellen, flächigen Hintergrund ab. Das rosig-fleischige Gesicht wird umrahmt von weißblondem, lockigem Haar, das die Ohren verdeckt, im Stirnbereich jedoch schon ausgedünnt erscheint, und einem bauschigen, gepflegten weißen Backenbart. Der Porträtierte ist vornehm mit einem dunklen Gewand mit breitem Pelzkragen bekleidet. Der hellbraun-rötliche Pelz setzt sich deutlich von dem schwarzen Stoff ab. Am geraden Halsausschnitt bildet ein feiner weißer Stoffstreifen (vermutlich vom Unterkleid) einen kontrastreichen Abschluss. Der leicht nach rechts gedrehte Körper wendet sich zum Licht hin: In den Pupillen des Porträtierten spiegelt sich das Fenster, aus dem das Licht in den Raum fällt. Während die linke Bildhälfte bis zur Mitte hin gut ausgeleuchtet ist (und damit die gesamte Gesichtspartie), liegt die rechte im Schatten: Haare und Schulterpartie sind stark

abgedunkelt, der pelzige Mantelkragenabschluss ist nur noch zu erahnen. Der Porträtierte steht vor einer ebenmäßigen, hellen Fläche. Am oberen Bildrand verrät uns ein Schriftzug in goldenen Lettern, wen Dürer hier dargestellt hat: „Hieronymus Holzschuher – im Jahre 1526 – in seinem 57. Lebensjahr".
Durch die natürlichen Proportionen sowie die große Detailtreue wird der realistische Eindruck des Bildes hervorgerufen. Dürer malte mit vielen kleinen Pinselstrichen Bart, Haare und Pelzkragen in natürlichen, fein abgestuften Lokalfarben. Insbesondere die Darstellung der Haut im Gesicht zeigt, wie durch die fein differenzierte Farbmodellierung einzelne Partien plastisch hervortreten. Hinzu kommt die gekonnte Lichtführung, die Licht und Schatten ins Bild bringt und damit die Plastizität der Figur vor dem monochromen Hintergrund betont. Der Lichteinfall unterstützt zudem die Wendung des Dargestellten nach rechts und suggeriert so den Eindruck von Bewegung und Lebendigkeit (vgl. Skizze 2). Lichtreflexe auf den Haarlocken, im Bart und auf dem Pelz rufen eine fast haptische Wahrnehmung der Oberflächentexturen hervor (vgl. Skizze 2). Beim Malen versuchte der Künstler die Stofflichkeit so herauszuarbeiten, dass man weiches (Fell), flauschiges (Barthaar), stumpfes (Haar), borstiges (Backenbart) und grob-festes (Mantel) Material mit den Augen zu ertasten vermag. Die dadurch verursachte Unterscheidung der Strukturen trägt zur Natürlichkeit des Bildes bei.
Fein aufeinander abgestimmt ist auch die Farbpalette im Bild. Die Valeurmalerei der Gegenstandsfarben ist entsprechend ihrer Ausrichtung zum Licht mit sanft abgestuften Hell-Dunkel-Übergängen angelegt. Große Farbkontraste hat der Künstler zugunsten eines harmonischen Gesamteindrucks vermieden. Vielmehr bestimmen Farbnuancen in warmen Goldbraungelb-Tönen das Bild. Zwar zeigt sich ein Hell-Dunkel-Kontrast von der unteren zur oberen Bildhälfte (vgl. Skizze 2), jedoch wird dieser durch den Lichteinfall und die hellen Reflexe auf dem Fellkragen abgemildert. Kompositorisch wirkt sich diese Hell-Dunkel-Farbgestaltung jedoch auf die Bildwirkung aus, indem sie das Bild nach oben hin öffnet und unten abschließt (vgl. Skizze 2).
Der bereits erwähnte lebendige Eindruck, der verursacht wird durch den imaginativen Bewegungsimpuls nach links im Bild (vom Betrachter aus gesehen), wird noch gesteigert durch die Blickrichtung des Porträtierten: Er schaut im Gegensatz dazu nach rechts. Dennoch ist das Brustporträt in der Anlage an der senkrechten Mittelachse (vgl. Skizze 3: sMA) ausgerichtet. Der Abschluss des Kragens liegt zudem auf der waagerechten Mittelachse (wMA) und die Augenhöhe befindet sich auf Höhe des Goldenen Schnitts (GS). Durch die schräg dazu verlaufenden Ausrichtungen der erwähnten Körperdrehung und Blickrichtung sowie die das Bild durchschneidenden Diagonalen (Kragen, Schulterpartie, Bart) vermied Dürer jedoch einen statischen Bildaufbau (vgl. Pfeile in Skizze 3). Der flächige, ungestaltete Hintergrund wie die lineare Inschrift am oberen Bildrand bringen die Komposition ins Gleichgewicht. Dürer ist es so gelungen, sein Bild mithilfe sich durchkreuzender Kompositionslinien und geometrischer Formen (Dreiecke) harmonisch und dennoch spannungsreich aufzubauen. Skizze 3 verdeutlicht dies.
Die formale Farb- und Formkomposition trägt damit auch zur ambivalenten inhaltlichen Bildaussage bei: Wohlhabend und selbstbewusst, aber auch kritisch

und skeptisch stellt Dürer Holzschuher dar; die geraden Linien im Bild betonen den ersten Aspekt, die durchkreuzenden Diagonalen den zweiten.
Wie all seine Porträts zeichnet auch dieses eine ausgewogene, wohlproportionierte Gestaltung aus. Studiert hatte Dürer die harmonische Bildkomposition bei den Porträtmalern der Renaissance in Italien. Diese griffen in ihren Kompositionen auf den klassischen Schönheitskanon der Antike zurück.

4. *Hinweis: Beziehen Sie in Ihre Interpretation die Erkenntnisse aus den Aufgaben 2 und 3 mit ein, ebenso Ihr Hintergrundwissen zur Epoche der Renaissance. Stellen Sie dafür verständliche Bezüge zu den Bildern her und verknüpfen Sie stets Ihre Aussagen. Ihre Vermutungen begründen Sie nachvollziehbar. Gehen Sie zielgerichtet und sortiert vor und finden Sie einen folgerichtigen Abschluss.*

Dürers „**Das große Rasenstück**“ stellt, anders als der erste Blick vermuten lässt, kein realistisch abgemaltes Rasenstück dar. Der Blickpunkt liegt dafür viel zu tief. Das Bild kann nicht in der Natur auf der Wiese abgezeichnet worden sein. Es ist vielmehr anzunehmen, dass die Studie im Atelier gemalt wurde. Der Künstler hat dafür Pflanzen und Gräser einzeln studiert und gezeichnet. Für die exakte, detaillierte Ausarbeitung der verschiedenen Pflanzenarten tönte Dürer nicht nur die Farben vielfältig ab, sondern fügte auch mit einem dünnen Pinsel und sehr wahrscheinlich mit einer spitzen Feder grafische Strukturen mit feinen Linien ein. An den Adern der großen Blätter ist dies gut zu erkennen. Der Naturausschnitt zeigt nicht nur Details der verschiedenen Pflanzen und Gräser, sondern auch vollständige Pflanzen, z. B. verblühten Löwenzahn. Auch die Gräser sind eindeutig bestimmbar. Dürer hat die Pflanzen so exakt beobachtet und gezeichnet, dass Botaniker anhand ihres Wachstums- und Entwicklungsstandes den Monat der Studie bestimmen konnten: Im Juni hat der Künstler (vermutlich mit dem Spaten) ein großes Stück Wiese abgelöst und zu Zeichenstudien in sein Atelier gebracht.
Das Aquarell „Das große Rasenstück“ gehört zu einer Reihe von Naturstudien, die Dürer nach seiner ersten Italienreise anfertigte, auf der er Bilder von da Vinci, Mantegna und Bellini sah. Durch die Herauslösung der Pflanzen aus ihrer natürlichen Umgebung gelang ihm die Konzentration auf ihre Stofflichkeit und Körperlichkeit. Der präzise Blick Dürers glich dabei dem eines Naturforschers. Er zeigt, wie sehr sich das Kunstverständnis seit dem Mittelalter gewandelt hatte. War die Natur im Mittelalter lediglich als Beiwerk gemalt worden und als eigenständiges Thema nicht denkbar, verdeutlicht „Das große Rasenstück“ das in der Renaissance erwachte wissenschaftliche Interesse an der Welt. Dieses zeigte sich in jener Zeit insbesondere in astronomischen, anatomischen und geografischen Forschungen und in der Bildenden Kunst in den exakten, die Natur genau abbildenden Darstellungen. Auch die Erfindung der Zentralperspektive, die Dürer auf seiner zweiten Italienreise kennenlernte, geht auf diese Zeit zurück. Das Aquarell stellt überdies motivisch auch eine Innovation für die Gattung des Stilllebens dar, da es bis dahin nicht als Einzelmotiv in der Malerei auftauchte.
Der Mensch in der Neuzeit sah sich nun selbstbewusst im Mittelpunkt der Schöpfung. Demnach orientierte sich auch das Interesse der Renaissancekünstler an der

exakten Wiedergabe menschlicher Wahrnehmungen. Malte sich Dürer in seinem berühmten „Selbstbildnis im Pelzrock“ (1500) bereits selbstbewusst in Christus-Pose als Ebenbild des Schöpfers, so zeigte er mit „Das große Rasenstück“, dass Gott ihn befähigte, als Künstler eine zweite Wirklichkeit zu schaffen. Er schöpfte die Natur im Bild nach. Dürer verstand sich darum als „Divino artista“.

Auch das Porträt von **Hieronymus Holzschuher** ist charakteristisch für die Zeit der Renaissance. Mit dem Porträt stellte Dürer erneut sein großes Können zur Schau. Ganz präzise und sorgfältig studierte er Gesicht und Haar Holzschuhers, der der Sohn einer angesehenen Nürnberger Patrizierfamilie war und wie Dürer im Nürnberger Stadtrat saß. (Für kurze Zeit war Holzschuher sogar zweimal Oberbürgermeister der Stadt.) Es ist zu vermuten, dass sich beide mehrfach persönlich begegneten und eventuell sogar befreundet waren; sie waren beinahe gleichaltrig. Wie die Inschrift verrät, war Holzschuher 57 Jahre alt, als das Porträt entstand, und Dürer nur zwei Jahre jünger. Die Gattung des Porträts erfreute sich in jener Zeit großer Beliebtheit. Die reichen Kaufleute und erfolgreichen Handwerker demonstrierten damit ihren hohen gesellschaftlichen Status. So ließ sich auch Holzschuher stolz verewigen, und zwar als reicher Bürger ohne jegliche Attribute oder gar Heiligenfiguren, wie es im Mittelalter noch der Fall gewesen wäre. Es kam nun nicht mehr auf eine Stilisierung und Ästhetisierung der Person an, wie es noch üblich war in den Porträts früherer Jahre, sondern auf die individuelle Natürlichkeit in der Darstellung. Im Ausdruck des Porträtierten steckt der Kern seiner Persönlichkeit: Mit dem ruhigen, skeptischen und klugen Blick, der fast zögerlichen Hinwendung zum Betrachter, hielt Dürer viel mehr als nur das reine Äußere des Mannes fest. Darüber hinaus stellt das Porträt in seiner Unaufgeregtheit und vornehmen Zurückhaltung in Gestik und Kleidung auch ein Musterbeispiel des Renaissanceporträts dar. Es zeigt einen Prototypen des selbstbewussten, würdevollen, frei bestimmten Humanisten der Neuzeit und fasst Dürers reifes Können zusammen: Der kraftvolle Männerkopf spiegelt einen klaren Geist und festen Willen sowie ein sicheres Gefühl für den eigenen Wert wider.
Holzschuher unterstrich mit dem Porträt seinen gesellschaftlichen Stand und bewahrte diesen mit dem Bildnis nach seinem Ableben für die Nachwelt auf. Auch die Inschrift Dürers spricht dafür: Sie steht gegen das Vergessen des Dargestellten, wir sollen uns an ihn erinnern.
Wir können davon ausgehen, dass das Porträt nicht für jeden sichtbar an der Wand hing, da Holzschuher ohne Hut dargestellt ist. Es war auch üblich, einen Deckel für Porträtbilder mitzuliefern, um sie vor ungewollten Blicken zu schützen.
Zusammenfassend lässt sich feststellen, dass beide Werke absolut charakteristisch für die Zeit ihrer Entstehung, die Renaissance, sind: das Porträt Holzschuhers, indem es den Menschen als Einzelperson, als schöpferisches, selbstbestimmtes Individuum zeigt, und „Das große Rasenstück“, indem es die Flora in wissenschaftlicher Klarheit darstellt und sich damit gegen die geistig orientierte Formensprache des Mittelalters wendet. Die Werke stellen damit ein beeindruckendes Zeugnis des größten deutschen Renaissancekünstlers Albrecht Dürer dar.

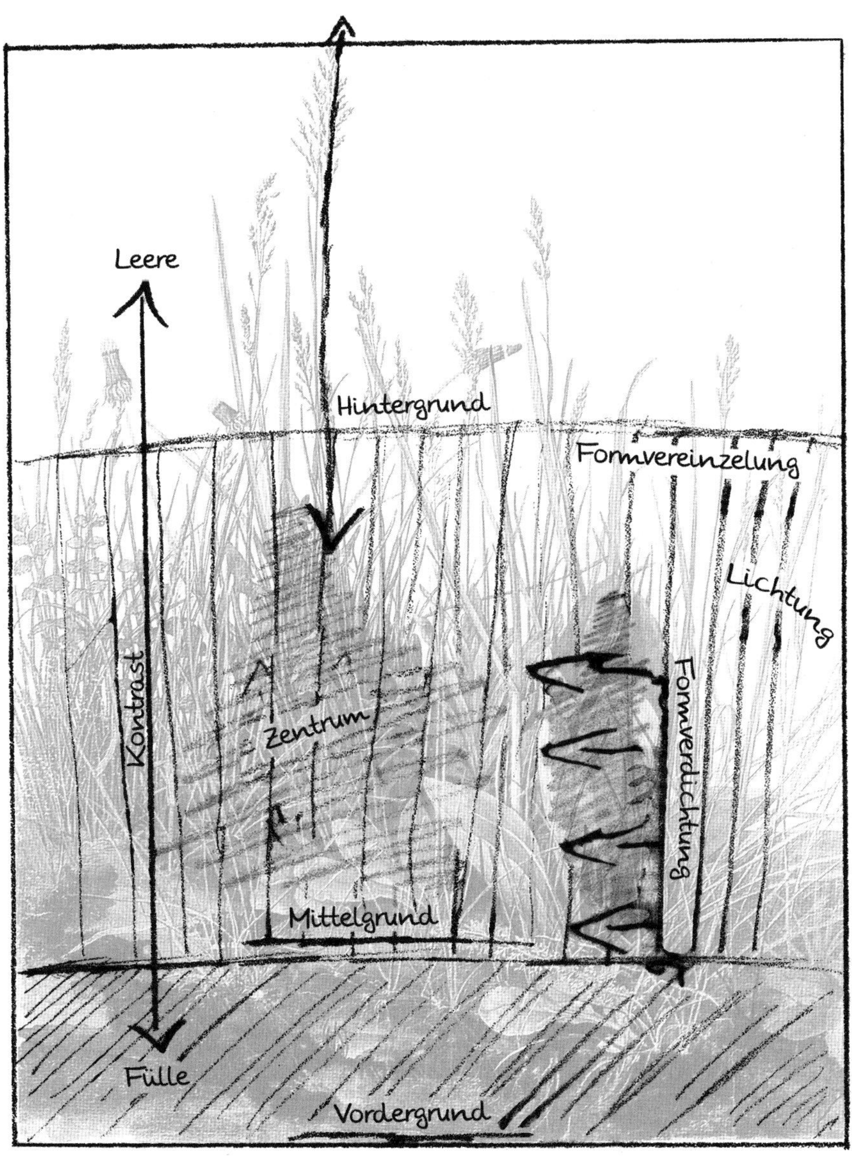

Analyseskizze 1

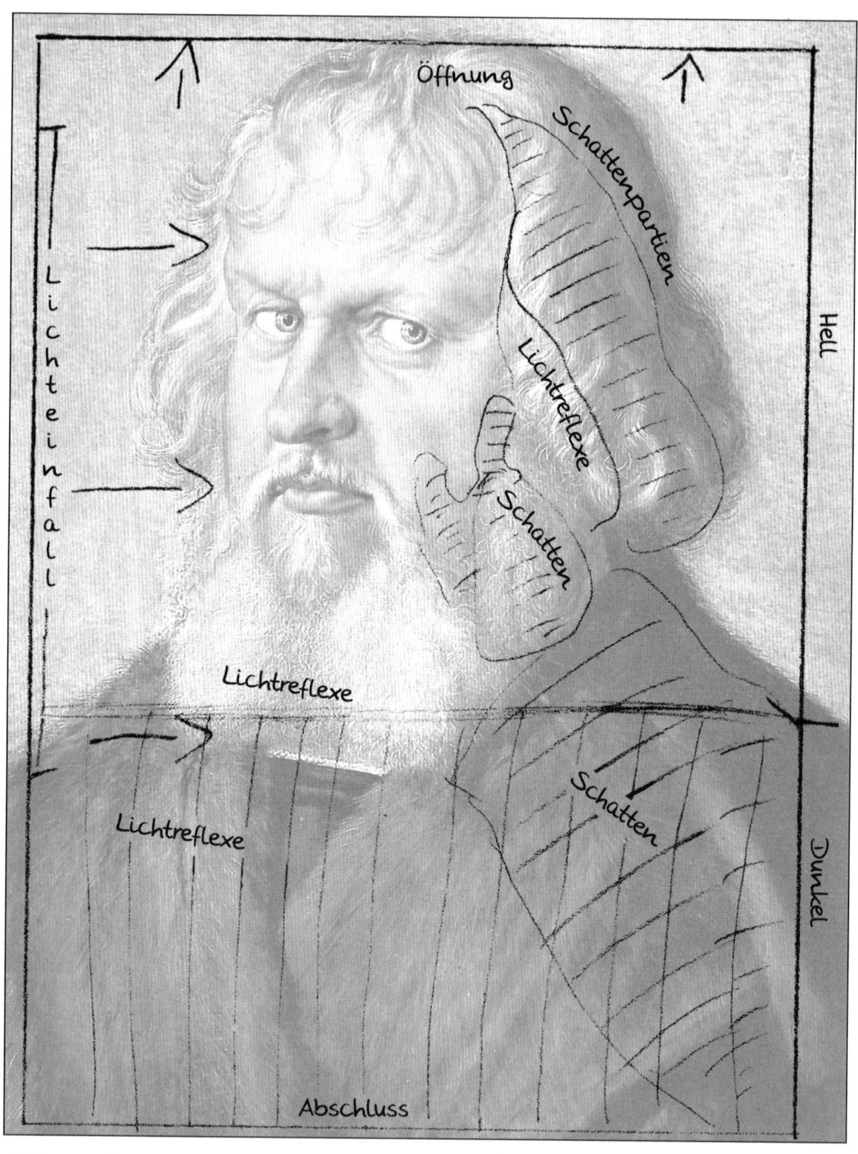

Analyseskizze 2

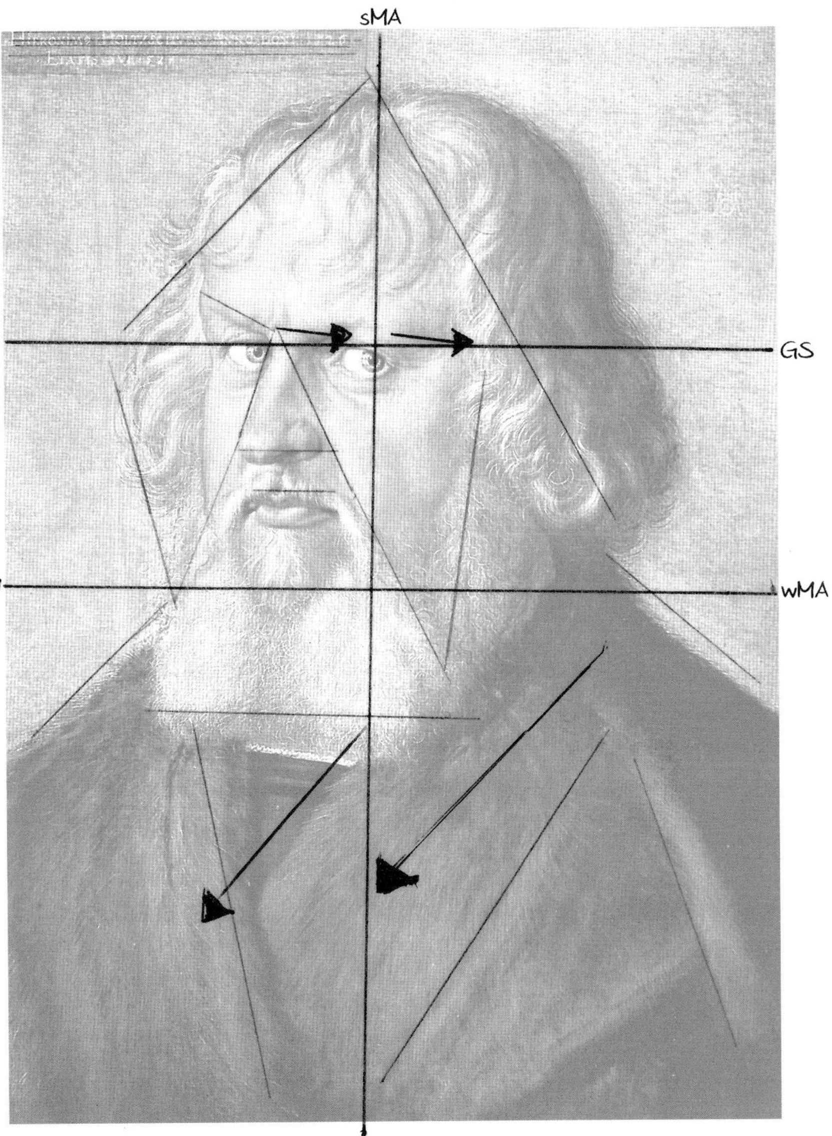

Analyseskizze 3

Kunst – grundlegendes Anforderungsniveau
Klausur 2 (120 Minuten)

Individualität im grafischen Werk von Rembrandt
Aufgabe mit theoretischem Schwerpunkt
(Werkerschließung mit Kompositionsskizzen)

Rembrandt van Rijn (1606–1669)

Selbstbildnis als junger Mann, 1629, Öl auf Eichenholz, 15,6×12,7 cm, Bayerische Staatsgemäldesammlungen, Alte Pinakothek, München

Selbstbildnis mit gerunzelter Stirn, um 1630, Radierung (II. Zustand), 6,7×5,6 cm, Graphische Sammlung am Kunsthistorischen Institut, Universität Tübingen

Selbstporträt mit offenem Mund, 1639, Radierung, 7,26×6,1 cm, Sammlung J. De Bruijn

Aufgabenstellung

	Punkte
1. Geben Sie möglichst spontan Ihren ersten Eindruck zu den drei hier gezeigten Selbstporträts von Rembrandt van Rijn wieder.	8
2. Beschreiben Sie die drei Selbstporträts.	18
3. Fertigen Sie zu allen drei Porträts Analyseskizzen an, die die bildnerischen Mittel veranschaulichen. Beschriften Sie Ihre Skizzen.	15
4. Interpretieren Sie das Ölbild „Selbstbildnis als junger Mann“. Beziehen Sie dabei Ihre biografischen Kenntnisse zum Maler Rembrandt mit ein und ordnen Sie das Werk in sein Œuvre ein.	59

Text

Der berühmte Maler Rembrandt Harmenzs van Rijn (1606–1669) stellte sich in seinen Selbstporträts nicht idealisiert dar. Jedoch zeigen alle seine Werke in gewisser Weise eine Inszenierung. So malte er sich in seinen späten Ölgemälden überwiegend positiv in kostbaren Gewändern und mit edlen Attributen. Mit seiner tatsächlichen Lebenssituation hatten diese Darstellungen kaum etwas gemein. In seinen grafischen Selbstbildnissen überwiegen die physiognomischen Studien. So nahm er auch in den zwei hier gezeigten Grafiken (Abb. 2 und 3) Gesichtsausdrücke an und übte, diese ausdrucksstark zu erfassen. Dennoch verraten sie auch einiges über die Person, die sie zeigte und zeichnete. In seinem frühen – hier zu sehenden – Selbstporträt aus dem Jahre 1929 (Abb. 1) scheint sich der Künstler noch vollkommen unverstellt seinem Publikum zu präsentieren.

Abb. 1: Rembrandt van Rijn: „Selbstbildnis als junger Mann", 1629, Öl auf Eichenholz, 15,6 × 12,7 cm, Bayerische Staatsgemäldesammlungen, Alte Pinakothek München

Abb. 2: Rembrandt van Rijn: „Selbstbildnis mit gerunzelter Stirn“, um 1630, Radierung (II. Zustand), 6,7 × 5,6 cm, Graphische Sammlung am Kunsthistorischen Institut, Universität Tübingen

Abb. 3: Rembrandt van Rijn: „Selbstporträt mit offenem Mund“, 1639, Radierung, 7,2 × 6,1 cm, Sammlung J. De Bruijn

Lösungsvorschläge

1. *Hinweis: Schreiben Sie zur Beantwortung der Frage alle Eindrücke, die Ihnen spontan zu den Bildern in den Kopf kommen, auf. Versuchen Sie nicht, sie zu bewerten.*

Man kann den Dargestellten in Abbildung 1 nur schwer erkennen. Ausgerechnet seine Augenpartie liegt im Schatten. Er wendet sich uns zu und schaut uns direkt an. Dabei ist sein Blick etwas verlegen, aber nicht unsicher, eher neugierig. Der Mund ist geöffnet, so als würde er uns etwas sagen wollen.
Die beiden Radierungen (Abbildungen 2 und 3) ähneln sich. Man meint hier tatsächlich dieselbe Person zu sehen. Im Vergleich zu Abbildung 1 sieht der Porträtierte in den Grafiken viel älter aus, dabei liegt nur ein Jahr zwischen Abbildung 1 und 2. Eine gewisse Ähnlichkeit zeigt sich vor allem im lockigen Haar sowie in der kurzen, etwas knolligen Nase. Wie das gemalte Porträt, so zeigen auch die beiden Grafiken einen bestimmten, vorübergehenden Gesichtsausdruck. In Abbildung 2 schaut uns der Mann skeptisch an, in Abbildung 3 scheint er vor Wut zu schreien. Das wirre Haar wie auch der unbestimmte Hintergrund in diesen Grafiken unterstützen den Eindruck der spontanen Mimik noch.

2. *Hinweis: Ihre Beschreibungen sollten klar und nachvollziehbar verfasst sein. Gehen Sie dafür strukturiert vor – immer vom Hauptmotiv zu den Nebenmotiven. Bleiben Sie generell sachlich in Ihren Beschreibungen und vermeiden Sie Wertungen.*

Das „**Selbstbildnis als junger Mann**" (Abbildung 1) zeigt Rembrandt im Alter von gerade einmal 23 Jahren. Gemalt hat er es in Öl auf Eichenholz in einem sehr kleinen Format. Der Porträtierte ist im Brustporträt dargestellt. Seinen Oberkörper sieht der Betrachter mehr von der Seite, der Kopf ist ihm zugewandt. Mit dem von rechts einfallenden hellen Lichtstrahl betonte der Maler nicht das wesentliche Merkmal des Porträts, die Augen. Diese liegen vielmehr im Schatten, blicken den Betrachter jedoch direkt an. Die rechte, untere Gesichtshälfte seines in Dreiviertelansicht dargestellten Kopfes sowie der weiße Spitzenkragen werden vom hellen Licht erleuchtet. Damit setzte der Maler diese Gesichtspartie „in Szene": den halb geöffneten Mund, die Nasenspitze und das rechte Ohr. Der auffallende Spitzenkragen betont diese Partien zusätzlich. Entsprechend des seitlichen Lichteinfalls ist der Hintergrund partiell aufgehellt. Die räumliche Situation bleibt ansonsten im Unklaren. Die überwiegend warmen Farbtöne des Gesichtes (Beige, Gelb, Rot) und des braunen Haarschopfes werden kontrastiert mit dem graugrünen, kalten Farbton des Hintergrunds und den ebenfalls kühlen Farben (Weiß, Grau, Schwarz) der Kleidung.

In der Radierung „**Selbstbildnis mit gerunzelter Stirn**" (Abbildung 2) sieht man eine Person mit verkniffenem Gesichtsausdruck und faltiger Stirn im Brustporträt vor neutralem Hintergrund. Der Oberkörper des Mannes ist zur Seite hin ausgerichtet, während er sein Gesicht dem Betrachter frontal zuwendet. Die Gesichtsphysiognomie wird durch sorgfältig modellierte Schraffuren charakterisiert. Eine große Falte zeichnet sich auf der Stirn ab, der Mund ist zusammengepresst. Seine dunklen Augen scheinen einen festen Punkt zu fixieren, der in etwa auf Augenhöhe des Betrachters liegt. Die lose Strichführung seines zerzausten Haares steht im deutlichen Kontrast zu seinem konzentrierten Blick. Der flauschige, hochgeschlossene Fellmantel greift die lockere Formfindung des Haarschopfes auf. Die dunkel ausgearbeiteten Bildbereiche, Mantel und Haarschopf, umrahmen das ernste Gesicht des Mannes. Liegt seine linke Gesichtshälfte im Licht, ist die rechte durch eine kräftige Schraffur deutlich abgedunkelt. Die scheinbar abrupte Bewegung, mit der sich der Porträtierte dem Betrachter zuwendet, wird durch die gelöste Kreuzschraffur noch unterstützt. Der Hintergrund ist vollkommen ungestaltet.

Die zweite Radierung, „**Selbstporträt mit offenem Mund**" (Abbildung 3), zeigt Rembrandt im Bruststück im Dreiviertelprofil. Die Kopfphysiognomie des Dargestellten, die gerunzelte Stirn, die zusammengekniffenen Augen sowie der geöffnete Mund und das nach vorne gestreckte Kinn vermitteln den Eindruck einer wütend schreienden Person. Dazu passen auch seine hochgezogenen Schultern, die von einem hochgeschlossenen, festen Mantel verdeckt werden. Der dunkle Schlagschatten auf seiner rechten Gesichtshälfte verleiht der Grafik zusätzlich etwas Rebellisches. Die linke Hälfte seines Gesichtes erscheint als deutlicher Kontrast dazu. Sie wird vom seitlichen Lichteinfall stark ausgeleuchtet; das linke Auge scheint davon regelrecht geblendet zu werden. Der dunkel schraffierte Haarschopf und der Mantel bilden einen kontrastreichen Rahmen um die hellen Bildpartien. Die diagonal angelegte Kreuzschraffur des Mantels spiegelt sich im wilden Haarkranz wider, in dem die Zeichenlinien spannungsreich gebogen sind. Anders als in der ersten Radierung wird der die Person umgebende Raum hier durch einen Schatten im rechten, unteren Bildteil definiert. Dieser Raumschatten wie auch das aus der Mitte gerückte, an den rechten Bildrand gesetzte Porträtbild vermögen die Wechselhaftigkeit in der bildnerischen Darstellung der Person noch zu steigern.

3. *Hinweis: Stellen Sie in den Analyseskizzen insbesondere die Lichtführung heraus sowie die Anlage der Strichsetzung in den Radierungen. Achten Sie auch auf die Kompositionen.*

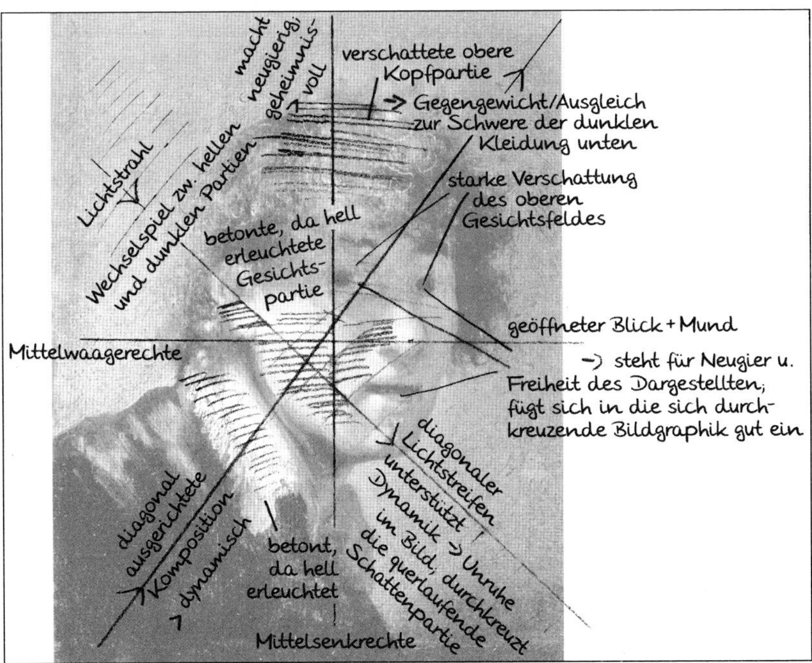

Skizze 1

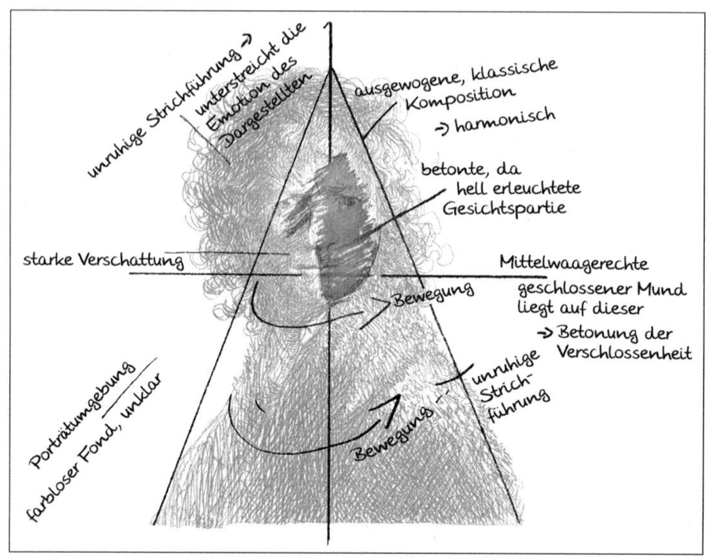

Skizze 2

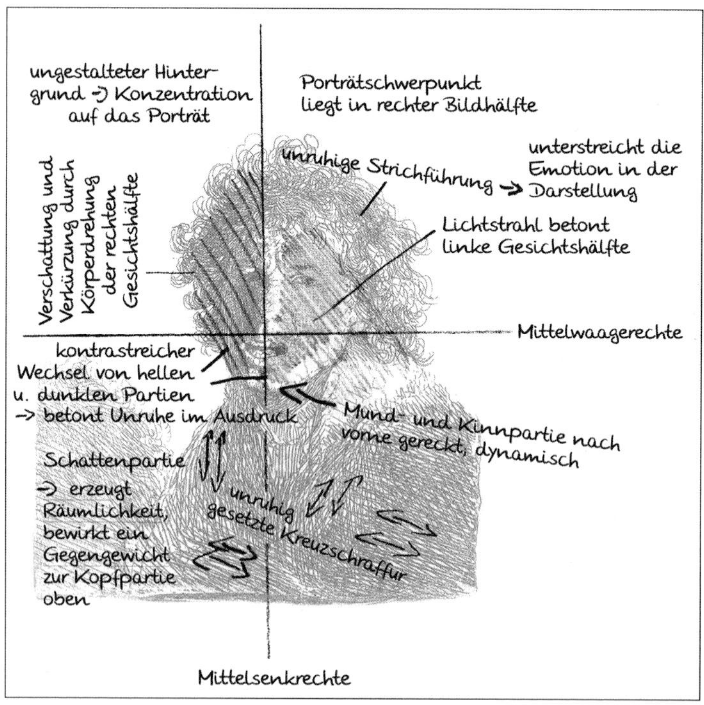

Skizze 3

4. *Hinweis: Ihre Interpretation fußt auf den Erkenntnissen aus den Aufgaben 1, 2 und 3. Hinzu kommt Ihr Wissen über den Künstler Rembrandt und seine Zeit. Mit der Einordnung bzw. Zuordnung des hier gezeigten frühen Selbstporträts in das Gesamtwerk Rembrandts können Sie vertiefend auf seine künstlerische Entwicklung verweisen. Begründen Sie Ihre Aussagen. Stellen Sie keine Vermutungen an. Gehen Sie zielgerichtet und strukturiert vor und finden Sie einen folgerichtigen Abschluss.*

Das Porträt **„Selbstbildnis als junger Mann"** malte Rembrandt im Alter von 23 Jahren. Das Bild ist symptomatisch für alle folgenden Werke des Malers, da die Selbstporträts in seinem Œuvre eine Schlüsselrolle einnehmen. Auch wenn er sich nie auf eine Gattung in der Malerei festlegte – er malte Stillleben, Landschafts-, Genre- und Historienbilder –, so ist die Reihe seiner Porträts beachtlich. Neben den Einzel- und Gruppenporträts, die er als Auftragsmaler schuf, malte er etwa 100 Selbstporträts. Das war zu jener Zeit alles andere als üblich. Die Gattung des Selbstporträts bekam so durch den Maler Rembrandt eine ganz neue Bedeutung in der Kunstgeschichte. Seine in Form von Gemälden, Zeichnungen und Radierungen gefertigten Selbstbildnisse spiegeln das gesamte Leben Rembrandts über 40 Jahre – vom jugendlichen Alter bis hin zum altersmüden Greis – wider. Dabei ist die hohe bildnerische Qualität seiner Werke bemerkenswert. Betrachtet man die Bilder in chronologischer Abfolge, so ergibt sich eine gemalte Autobiografie, in der sich das wechselhafte Leben des großen Meisters abzeichnet.
Im Jahre 1606 kam Rembrandt Harmenszoon van Rijn, der unter seinem Vornamen Rembrandt bekannt wurde, in der Universitätsstadt Leiden als achtes von neun Kindern eines wohlhabenden Müllers zur Welt. Er zeigte schon früh Interesse an der Malerei, sodass ihm seine Eltern eine Ausbildung als Maler finanzierten. Fand diese zuerst in Leiden statt, ging er bald darauf nach Amsterdam. Da Rembrandt keine Italienreise unternahm, was zum Studium der Malerei zu dieser Zeit eigentlich üblich war, ist anzunehmen, dass er die sogenannte Chiaroscuro-Malerei (Hell-Dunkel-Malerei) in Amsterdam kennenlernte. Ab 1625 unterhielt er sein erstes Malatelier in Leiden. Wenige Jahre später siedelte er aufgrund der guten Auftragslage nach Amsterdam um. Mit dem Bild „Die Anatomie des Dr. Tulp" erzielte er im Jahre 1632 seinen künstlerischen Durchbruch. In den folgenden Jahren genoss Rembrandt großes Ansehen und erhielt Porträtaufträge der wohlhabenden Kaufleute des sogenannten „Goldenen Zeitalters". Geprägt wurde dieses durch den großen wirtschaftlichen Erfolg der Handelsnation Niederlande im 17. Jahrhundert.
Rembrandt, der heute als berühmtester Vertreter des Barocks in den Niederlanden gilt, unterhielt eine große Werkstatt mit vielen Schülern. Aus diesem Grund ist die Zuschreibung seiner Werke nicht immer einfach. Etwa um 1640 verließ ihn der Erfolg. Sein naturalistischer Stil, die Reduktion der Farbpalette und die ausgeprägte Hell-Dunkel-Technik, die bereits sein Frühwerk (vgl. „Selbstbildnis als junger Mann") auszeichnete, entsprach nicht mehr dem Geschmack des Publikums. Die Aufträge blieben aus und Rembrandt musste schließlich Konkurs anmelden.

Auch im Privatleben lief es nicht immer gut für den Maler. Von seinen vier Kindern erreichte lediglich eines das Erwachsenenalter. Nach dem Tod seiner Ehefrau Saskia lebte Rembrandt in wilder Ehe mit seiner Haushälterin zusammen, die ihm noch eine Tochter gebar. Nach ihrem frühen Tod blieb der Maler allein. Er verstarb 1669 in Armut.
Betrachtet man das frühe „Selbstbildnis als junger Mann", meint man, einer sinnlichen Momentaufnahme beizuwohnen. Einer Vorahnung auf das Leben gleichkommend zeichnen sich dunkle Züge im Porträt ab. Die Hell-Dunkel-Partien der gekonnt eingesetzten Chiaroscuro-Technik werden durch den diffusen Lichteinfall ausgelöst. Mithilfe dieses undeutlichen Lichtscheins gelang es Rembrandt, die Aufmerksamkeit auf das Wesentliche im Bild zu lenken. Es sind nicht die Augen, die im Lichtschein liegen, sondern Mund und Ohren. So als wollte der junge Maler zu uns sprechen und zuhören. Wissbegierig wendet er sein junges Gesicht dem Licht zu. Dabei ist seine Bewegung ruhig, aber entschieden. Auch wenn er seinen im Schatten liegenden Blick verbirgt, so erkennt man doch die weit geöffneten, wachen Augen des jungen Malers. Dadurch, dass die räumliche Situation im Unklaren bleibt, lenkt kein zusätzliches Detail von dem Selbstporträt ab. Auch hier zeigt sich die Selbstsicherheit des jungen Malers, der sich ganz auf sich und sein Können konzentriert. Als Bruststück im Dreiviertelprofil blickt er aus dem Bild heraus den Betrachter direkt an. Die Komposition des Bildes ist dabei ungewöhnlich: Wie zufällig ins Bildfeld geraten, lugt der Maler von links unten nach rechts oben diagonal ins Bild. Dabei präsentiert er sich voller Neugier mit vollen, sinnlichen Lippen und weichem, gelocktem Haar, bekleidet mit einer einfachen, festen Wolljacke mit lockerem Fransenkragen. Die stofflichen Gegensätze wie auch die starken Farbkontraste verleihen dem Porträt Lebendigkeit und Natürlichkeit. Diese wie auch die dramatische Lichtführung und die Farbgegensätze sind typische Merkmale für die Epoche des Barocks. Die frühen Selbstporträts Rembrandts, wie auch das hier zu sehende, weisen zudem keine Rahmungen auf. Sie sind offen angelegt und zeigen häufig einen wie zufällig gewählten Bildausschnitt, der lediglich durch die Lichtführung begrenzt wird. Diese Ausschnitthaftigkeit, die das Motiv zu „verlebendigen" vermag, ist ein wesentliches Merkmal im Gesamtwerk Rembrandts. In seinen späteren Selbstporträts wie auch den vielen Porträts der reichen Amsterdamer Bürger ist es gerade die außerordentliche Fähigkeit der Charakterisierung, die die Qualität seiner Bilder ausmacht. Rembrandt erreichte diese durch den Einsatz der bildlichen Mittel wie auch durch Gesten, Haltung und Gesichtsausdruck der Dargestellten. Dabei scheinen alle seine Porträts von tiefer Empfindung durchdrungen, so auch das „Selbstbildnis als junger Mann". Auch wenn viele der Selbstporträts Rembrandts dem Zweck der Ausdrucksstudien dienten, wie beispielsweise die zwei hier gezeigten Radierungen, so sind sie doch auch eine einzigartige Selbstdarstellung des Künstlers. Sich selbst zu malen oder zu zeichnen, über so viele Jahrzehnte hinweg, zeugt von einem intensiven Selbststudium und einem großen Interesse an der eigenen Person. Rembrandt gewährt uns damit noch heute einen Blick ins Innerste des menschlichen Seins.

Kunst – grundlegendes Anforderungsniveau
Klausur 3 (120 Minuten)

Mensch und Raum im plastischen Werk von Rodin und Giacometti
Aufgabe mit theoretischem Schwerpunkt
(Werkerschließung mit Kompositionsskizzen)

Auguste Rodin (1840–1917)	*Der Schreitende*, um 1905, Bronze, Höhe 213 cm, Musée d'Orsay, Paris
Alberto Giacometti (1901–1966)	*Schreitender Mann III*, 1950, Bronze, 47 × 37,5 × 20,5 cm, Sammlung Jan Krugier und Marie-Anne Krugier-Poniatowski

Aufgabenstellung Punkte

1. Betrachten Sie die plastischen Werke von Auguste Rodin und Alberto Giacometti und geben Sie Ihren ersten Eindruck wieder. 10

2. a) Beschreiben Sie die Plastik „Der Schreitende" von Auguste Rodin.
   b) Erläutern Sie Funktion und Wirkung des Torsos im Werk von Auguste Rodin. 30

3. Fertigen Sie zu den hier gezeigten Skulpturen Rodins und Giacomettis selbsterklärende, beschriftete Analyseskizzen an. 15

4. Interpretieren Sie Giacomettis Plastik „Schreitender Mann III". Beachten Sie dabei insbesondere den Figur-Raum-Bezug. Beziehen Sie sich im Vergleich auch auf den „Schreitenden" von Rodin. 45

Abb. 1: Auguste Rodin, „L'homme qui marche (Der Schreitende)“, um 1905, Inv.-Nr. 998, Bronze, 213 × 71,7 × 156,5 cm, © Musée Rodin, Paris – Foto: Christian Baraja

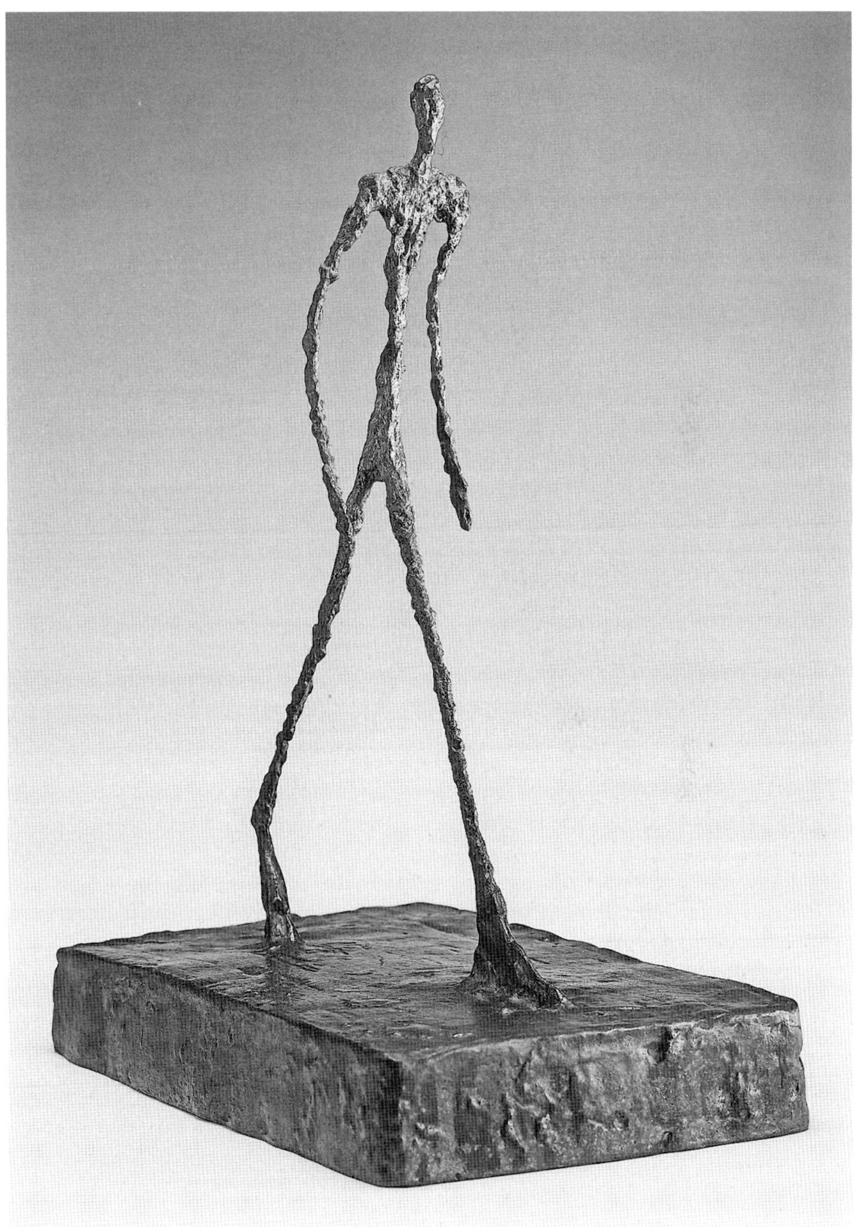

Abb. 2: Alberto Giacometti, „Schreitender Mann III", 1950, Bronze, 47 × 37,5 × 20,5 cm, Foto © Christie's Images Ltd – ARTOTHEK, © Alberto Giacometti Estate (Fondation Alberto et Annette Giacometti + ADAGP), Paris 2016

Lösungsvorschläge

1. *Hinweis: Versuchen Sie hier keine Wertung hineinzubringen, sondern geben Sie die unmittelbaren Gedanken wieder, die Ihnen bei der Betrachtung der Plastiken in den Sinn kommen.*

Die Bronzeplastik „**Der Schreitende**" von Auguste **Rodin** ist nicht vollständig. Ihr fehlen Kopf, Hals und Arme. Sie wirkt dadurch zerstört. Da die Enden der Stümpfe aber bearbeitet zu sein scheinen, wurde sie vom Künstler wahrscheinlich nie vollständig ausgearbeitet. Zu dieser Annahme passt auch, dass die Figur für sich genommen abgeschlossen wirkt und nicht – etwa von späterer Hand – beschädigt. Wie der Titel schon sagt, schreitet die männliche Figur vollkommen unbekleidet mit großem Schritt voran. Das Motiv des Schreitens wird durch die leicht schräge Aufnahme aus der Untersicht noch verstärkt. Auch der unebene Sockel, der ebenfalls aus Bronze ist und vom Bildhauer Rodin zusammen mit der Figur aus einem Guss gefertigt zu sein scheint, unterstreicht den Bewegungsmoment. Trotz ihrer „Verletzung" wirkt die Figur stark. Der selbstbewusst nach vorne ausgerichtete Schritt wie auch die ausgeprägte Muskulatur des Standbeins (rechts) verstärken diesen Eindruck. Und auch der starke, aufrecht ausgerichtete Oberkörper des Mannes trägt dazu bei.

Giacomettis „Schreitender Mann" drückt in seinem Bewegungsmoment eine ähnliche Dynamik aus. Mit einem großen Schritt und angehobenen Armen, den hinteren Fuß schon stark angehoben, bewegt sich die Bronzeplastik nach vorne. In dieselbe Richtung weisen auch Kopf und Oberkörper. Die Figur wirkt dabei jedoch viel weniger standfest als bei Rodin. Eilig und hektisch scheint sie sich voranzubewegen. Ihr viel zu dünner Körper mit den unnatürlich lang gezogenen Beinen und Armen erinnert an ein Strichmännchen. Körpermasse fehlt der Figur völlig. Obwohl sie von der Physiognomie her vollständig zu sein scheint, wirkt sie viel verletzlicher und zerbrechlicher als die kräftige, unvollständige Figur Rodins. Der schwere Bronzesockel, auf dem sie fest verankert ist, scheint sie zusätzlich am Fortkommen zu hindern. Sie hat sprichwörtlich einen „Klotz am Bein". Auch wenn sich ihr Körper nach vorne beugt und damit eine Gerade mit dem hinteren Bein bildet, scheint die Figur nicht vom Fleck zu kommen. Sie verharrt vielmehr in ihrem durch den Bronzesockel festgelegten Raum. Zum Eindruck der Instabilität trägt auch bei, dass das nach vorn gestreckte linke Bein, das eigentliche Standbein, diagonal ausgerichtet ist. Es suggeriert damit nicht den Eindruck von Standfestigkeit, wie es bei Rodins Plastik der Fall ist.

2. a) *Hinweis: Ihre Darstellung soll die im Unterricht erlernte deskriptive Methode, die sachlich Ihre Beobachtungen der Bedeutung nach gewichtet und eine schlüssige, nachvollziehbare Gedankenführung aufzeigt, wiedergeben. Die Plastik wird dafür in einer sinnvollen Reihenfolge beschrieben – vom Hauptaugenmerk zu den Nebenmotiven. Subjektive Urteile sind in der Beschreibung zu vermeiden. Achten Sie auf eine verständliche, nachvollziehbare Sprache.*

Die überlebensgroße Bronzeplastik „**Der Schreitende**“ aus dem Jahre 1905 von Auguste **Rodin** befindet sich heute im Musée d'Orsay in Paris. Sie misst ohne Kopf inkl. des Sockels über zwei Meter. Dargestellt ist ein nackter männlicher Torso mit kräftigen, muskulösen Beinen, die stark angespannt und weit auseinandergestellt auf einem unebenen Bronzesockel stehen. Dieser ist nicht allzu hoch und erinnert an einen felsigen Grund. Das rechte Bein der Figur ist nach vorne gesetzt und das linke nach hinten. Beide Füße stehen mit ganzer Sohle fest auf, wobei das linke Bein etwas nach außen gedreht ist. Der kopf- und armlose Rumpf ist mit stark durchgedrücktem Rücken leicht nach vorne gewölbt. An den Stellen, an denen sich Hals und Schultern befinden würden, existieren frei modellierte, amorphe Formen. Sie zeigen die Spuren ihrer plastischen Erzeugung durch Drücken und Stauchen auf. Die betonte plastische Modellierung der Oberfläche, die man in der Bildhauerei auch als „Modelé“ bezeichnet, erzeugt eine Licht-Schatten-Wirkung auf der Figur, die eine Lebhaftigkeit in der Wahrnehmung hervorruft. Im Gegensatz zu den Enden der Körperstümpfe sind Teile der Rumpf- und Bauchmuskulatur durchmodelliert. Die Beine zeigen sich als vollendete naturalistische Formen, die das Können des Bildhauers im Hinblick auf die menschliche Anatomie bezeugen. Zeigt sich hier schon in der formalen Umsetzung ein deutlicher Kontrast, also zwischen den unvollständigen, frei modellierten Körperpartien und den perfekt gegenständlichen Körperdarstellungen, lässt sich ein weiterer ausmachen: Der massige Oberkörper mit seinem raumverdrängenden Volumen steht gegen die heftige, raumgreifende Bewegung der muskulösen Beine. Diese beschreiben mit ihrer Ausrichtung ein Dreieck, wodurch ein Zwischenraum entsteht. Die durch diesen Raum definierte Leere unterstützt die bei aller Stärke doch auch sichtbare Leichtigkeit der Figur. So schreitet die Figur festen, aber federnden Schrittes. Durch den nach vorne hin gerade ausgerichteten, athletisch ausformulierten Oberkörper tritt die Figur dem Betrachter offen zugewandt entgegen. Die Zuwendung wird auch getragen von dem Sockel, der nach hinten leicht ansteigt und den Vorwärtsdrang damit unterstreicht. Obwohl der Rumpf ohne Arme offensichtlich nicht sehr viel Raum einnimmt, wirkt die Plastik doch raumgreifend.

b) *Hinweis: Hier ist Ihr Wissen zur Historie des Torsos gefragt wie auch der historische Verlauf in der Entwicklungsgeschichte der Skulptur. Ihre beschreibenden Erläuterungen sollen dabei alle Formaspekte und Besonderheiten der Plastik Rodins auf nachweisbare Art gut strukturiert erfassen.*

Der Künstler Auguste Rodin war es, der im 19. Jahrhundert den Torso in der Bildhauerei als eigenständiges Kunstwerk wiederentdeckte. In den Jahrhunderten zuvor bezeichnete man als „Torso“ eine unvollständig erhaltene, stark beschädigte Figur, an der Gliedmaßen und Kopf teilweise oder sogar ganz fehlten. Es ist anzunehmen, dass Rodin die antiken Torsi auf seiner Studienreise nach Italien kennenlernte. Sie wurden zu einem Vorbild für sein eigenes

Schaffen. Versuchte man noch bis zu Beginn des 20. Jahrhunderts, die antiken Torsi zu vervollständigen, indem man die verlorenen Teile rekonstruierte und anmontierte, erkannte Rodin die Vollständigkeit dieser Figuren in ihrer Unvollständigkeit.
„Der Schreitende“ von Rodin ist ein berühmtes Beispiel für die bewusst eingesetzte Unvollständigkeit in der Plastik. Rodin konzentrierte sich in der Gestaltung der Figur auf den Vorgang des Gehens und ließ Kopf und Arme einfach weg. Mithilfe dieser Reduktion gelangte er zu einer alltäglichen Bewegung, die in ihrer Dynamik das Fehlende fast vergessen macht. Sie drückt eine Bewegung aus, die Rodin mit einer vollendeten Figur in diesem Maße nicht erreicht hätte. Darüber hinaus ging es dem Künstler um die Veranschaulichung der inneren Haltung. Bei der Darstellung des aufrechten Schreitens – auch im übertragenen Sinne – würde der Kopf nur stören. So stellte der fragmentarische Torso für Rodin etwas Vollkommenes, in seiner inhaltlichen Ausführung Ganzes dar. Mit der naturalistischen, anatomisch vollständigen Ausformulierung einzelner Körperteile wie etwa des Rumpfes, der Ober- und Unterschenkel, der Knie und Waden lehnt sich Rodin an seine antiken Vorbilder an. In einzelnen, zum Teil grob belassenen Oberflächenstrukturen und fragmentarischen Formen, wie etwa an der Schulterpartie, kündigt sich bereits ein Abstraktionsgrad an. Es ist zu vermuten, dass Rodin in diesen Partien die anatomische Darstellung bewusst vermied. Die Loslösung vom naturalistischen Abbild zeigt sich auch in der Oberflächengestaltung der Figur: Hier ist an einigen Stellen eine Faktur in Form von Bearbeitungsspuren wie Fingerabdrücken oder stehen gelassenen Materialresten deutlich zu erkennen. Auch diese trägt zur „Unperfektionierung“ der Figur bei. Insgesamt lässt sich feststellen, dass es Rodin beim „Schreitenden“ weniger um die Darstellung einer menschlichen Figur ging, sondern um den Aspekt des Gehens und Vorankommens. Die Unvollständigkeit des Torsos wurde von Rodin bewusst geplant und so zu einem selbstständigen Gestaltungsmittel.
Mit seinem Torso-Prinzip schuf der Künstler einen autonomen Stil, der die moderne Kunst nachhaltig prägte. Er wurde die Basis der abstrahierten und abstrakten Skulptur und Plastik im 20. Jahrhundert.

3. *Hinweis: Verdeutlichen Sie in den Analyseskizzen den Bewegungsimpuls der Figuren im Hinblick auf den sie umgebenden Raum. Des Weiteren stellen Sie die Komposition heraus. Auch Fakturstellen sollten Sie kennzeichnen.*

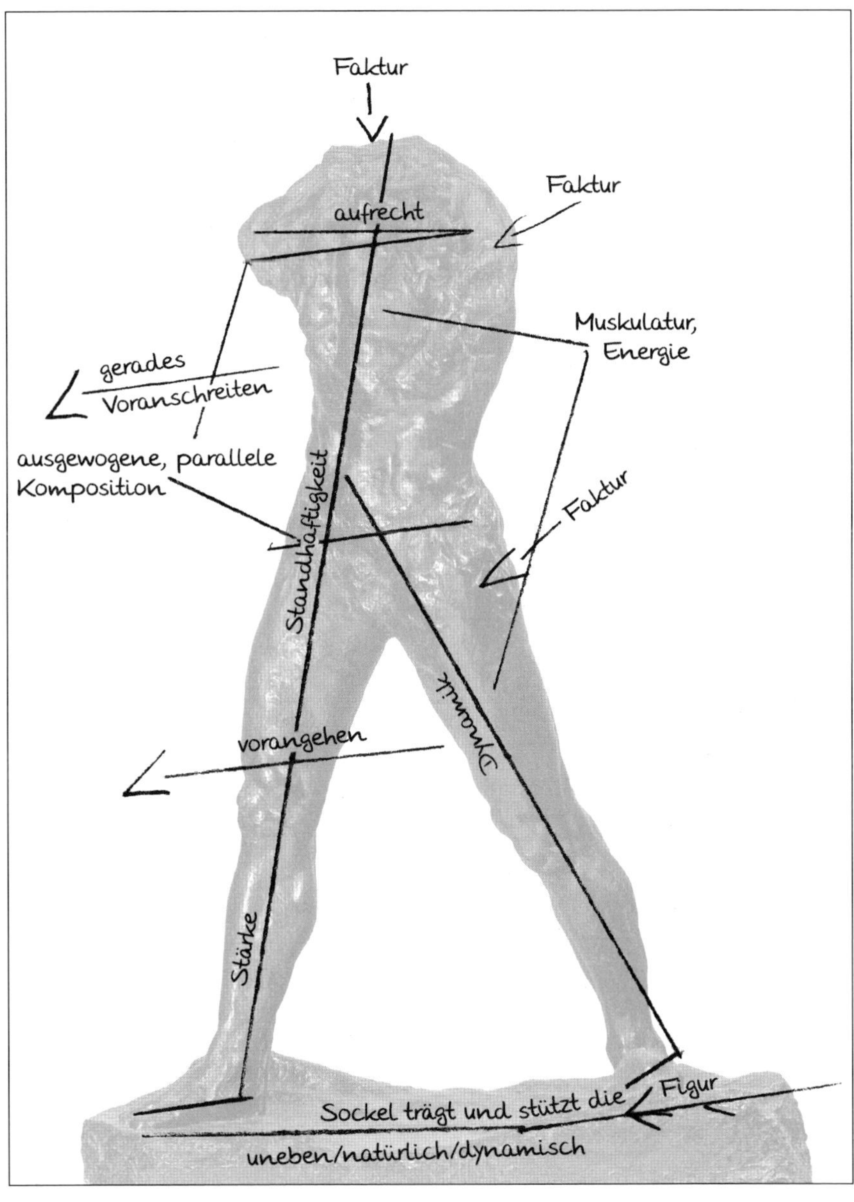
Faktur
aufrecht
Faktur
Muskulatur,
Energie
gerades
Voranschreiten
ausgewogene, parallele
Komposition
Standhaftigkeit
Faktur
Dynamik
vorangehen
Stärke
Sockel trägt und stützt die Figur
uneben/natürlich/dynamisch

Skizze 1

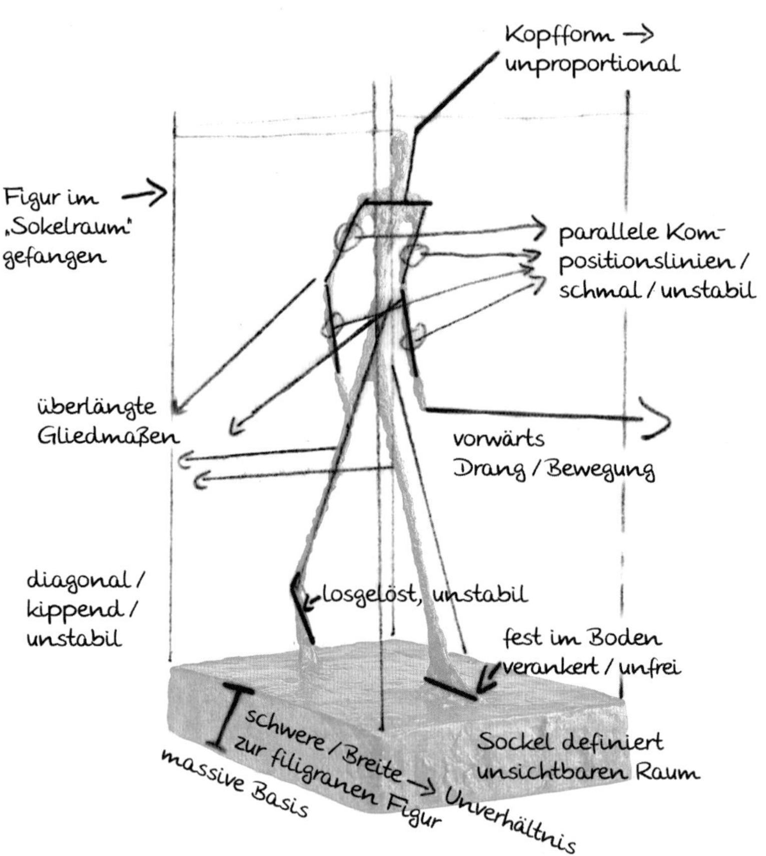

Skizze 2

4. *Hinweis: Ihre Interpretation fußt auf den in den Aufgaben 1, 2 und 3 gewonnenen Erkenntnissen. Hinzu kommt Ihr Wissen über das Werkschaffen Giacomettis insbesondere im Hinblick auf sein spezielles Körper-Raum-Gefüge. Der Werkvergleich mit Rodins Plastik ermöglicht Ihnen, die Besonderheit in den Figuren Giacomettis herauszustellen. Ihre verständlichen Aussagen sollten schließlich einen folgerichtigen Abschluss finden.*

Der Künstler Auguste Rodin entdeckte die Vollendung seiner Plastiken gerade in ihrer unvollendeten Gestalt. Wie in Aufgabe 2 beschrieben, symbolisiert die Figur „**Der Schreitende**", modelliert im „Non-finito-Stil", die Bewegung des Gehens in vollkommener Gestaltung. Rodin studierte dafür ganz genau seine Modelle und fertigte eine Vielzahl von Zeichnungen an sowie Bozzettos, dreidimensionale, in Ton ausgeführte Skizzen. Alberto Giacometti hingegen scheint seine

Plastiken immer aus einer gewissen Distanziertheit heraus gestaltet zu haben. Er schuf seine Figuren aus der Erinnerung an ein Modell, weniger aus ihrer konkreten Anwesenheit heraus. Die Fragmentierung seiner Plastiken sowie ihr hoher Grad an Abstrahierung lassen sie flüchtig und labil erscheinen. So wirkt „Der Schreitende“ von Rodin trotz seines fehlenden Kopfes und der fehlenden Gliedmaßen eher aus Fleisch und Blut und „lebendiger“ als die zwar physiognomisch ganzen, aber dennoch körperlosen „Strichfiguren“ Giacomettis. Ebenso wie die äußere Gestalt der Figur, die ihr gefühltes Inneres darzustellen vermochte – so der Wunsch des Bildhauers –, interessierte ihn der die Figur umgebende Raum. Figur und Raum betrachtete Giacometti als gleich wichtige Faktoren, weshalb er seine überschlanken Werke auch „Raumplastiken“ nannte. Manche seiner Arbeiten umgab er mit einer Art Gestänge, womit sie sich gegenüber dem weiten Raum abgrenzen. So bildet in der Plastik „**Schreitender Mann III**“ der wuchtige Sockel die Maße des umgebenden Raumes. Die Analyseskizze (vgl. Aufgabe 3) zeigt die unsichtbaren Grenzlinien, die den Raum definieren. Dieser vermag die schreitende Figur aufzuhalten, in ihrer Bewegung jäh zu stoppen und in einer Art Zwischenraum gefangen zu nehmen. Der Raum umgibt die zerbrechliche Figur wie eine Aura. Dadurch wird nicht nur ihre Unnahbarkeit unterstützt, er bietet auch eine Art Schutz. Außerdem betont dieses Raumgefüge die Abgrenzung und Vereinzelung des ohnehin unerreichbaren, da in seiner Nicht-Materialität ungreifbaren Körpers. Die den Körper umgebende Raumhülle war für Giacometti eine existenzielle und künstlerische Erfahrung. So existierte der Kernkörper, die Bronzeplastik, für ihn nur mit einer Raumschicht, die wiederum mit einer sichtbaren oder – wie im „Schreitenden Mann III“ – unsichtbaren Raumhülle umgeben wurde.
Die Arbeitsspuren bleiben, vergleichbar mit den partiellen Fakturen im Werk Rodins, in Giacomettis Plastiken immer sichtbar. Die großen Füße und kleinen Köpfe betonen das Figurative, die langen, ausgemergelten Körper hingegen sind nicht genau definiert und zeigen eine raue, zerklüftete Oberfläche. Neben der Raumerfahrung ist es der Mangel an Volumen, der zu einer Entindividualisierung der Figuren führt. Und dies, obwohl Giacometti seine dünnen Raumplastiken nach Menschen aus seiner Umgebung, aus der Familie und dem Freundeskreis, formte. Die flache, dünne Gestalt „Schreitender Mann III“ löst im Betrachter einen Abstraktionsprozess aus. Die Figur scheint nur noch aus einer Geste zu bestehen. Trotz ihres Bewegungsdranges verharrt sie; die Füße kleben am massigen Sockel fest. Zu der Uneindeutigkeit zwischen Bewegung und Erstarrung tragen die geringe Masse, die flache Modellierung sowie das Gefangensein im Zwischenraum bei. Der massive Sockel, der einen formalen Gegensatz zur zeichenhaften Figur darstellt, ist mehr zum Raum gehörig als zur Gestalt. Er stützt und trägt nicht mehr die Figur, wie es beim „Schreitenden“ von Auguste Rodin der Fall ist (vgl. Analyseskizze, Aufgabe 3), sondern bildet eine selbstständige Form. Giacomettis Sockel ist mit seiner Figur verbunden, bildet aber keine Einheit. Vielmehr trägt er zur Distanz zwischen der Plastik und dem Betrachter bei. Der überdimensionierte Sockel vermag aber auch die formale Auflösung der Figur zu verhindern, indem er die Plastik „erdet“.

Der Betrachter nimmt die Figur als einsames Individuum im (Zwischen-)Raum wahr, zu dem er keinen Einlass bekommt. Dennoch, oder vielleicht gerade aus dieser exponierten Zurschaustellung heraus, entwickelt „Schreitender Mann III" eine ungeheure Präsenz im Raum, der man sich kaum entziehen kann. In ihrer abstrahierenden Formensprache sind die Skulpturen Giacomettis einzigartig und überaus vieldeutig. Mit ihrer Präsenz und einprägsamen Erscheinung sind sie an keinen bestimmten Ort gebunden. Wie Ausrufezeichen im Raum treten sie vor den Betrachter, der in der Anschauung jegliches Raumgefühl verliert. Abseits der persönlichen Erfahrung in der Begegnung mit den Figuren Giacomettis sahen seine Zeitgenossen in ihnen auch ein Zeugnis der von Angst, Isolation und Entfremdung geprägten Zeit des Kalten Krieges nach dem Zweiten Weltkrieg.

Kunst – grundlegendes Anforderungsniveau
Klausur 4 (120 Minuten)

Konstruktion des Erinnerns im Werk Christian Boltanskis und anderer
Aufgabe mit theoretischem Schwerpunkt
(Werkerschließung mit Kompositionsskizzen)

Christian Boltanski (1944–2021)	*Menschlich*, 1970–1994, Installation aus 1 200 vergrößerten Schwarz-Weiß-Aufnahmen, Kunstmuseum Wolfsburg

Aufgabenstellung Punkte

1. Beschreiben Sie die Installation „Menschlich" von Christian Boltanski. 18
2. Interpretieren Sie die Installation Boltanskis. Bringen Sie dafür auch Ihr Wissen über den Künstler und sein Werk ein. 42
3. Nennen Sie weitere Ihnen bekannte Denk- und Mahnmale in der bildenden Kunst, die sich gegen das Vergessen richten und für das Erinnern erschaffen wurden. Beschreiben und erläutern Sie die Werke. 40

Christian Boltanski, „Menschlich", 1994, Installationsansicht der Ausstellung *Christian Boltanski – Bewegt* im Kunstmuseum Wolfsburg, Sammlung Kunstmuseum Wolfsburg, ca. 1 200 Schwarz-Weiß-Fotografien, Gesamtmaß variabel, Foto: Marek Kruszewski, © VG Bild-Kunst, Bonn 2016

Lösungsvorschläge

1. *Hinweis: Ihre Beschreibung sollte klar und nachvollziehbar strukturiert sein. Eine sinnvolle Reihenfolge stellt das Werk objektiv vor. Vermeiden Sie wertende Formulierungen.*

   Dicht an dicht werden die Schwarz-Weiß-Fotografien der Installation mit dem Titel „**Menschlich**" in einem Raum gezeigt. In acht Reihen bedecken die Aufnahmen von oben bis unten fast die gesamten Wandflächen. Die Fotografien im Hochformat sind alle gleich groß. Sie zeigen Porträts von Menschen ganz unterschiedlichen Alters: mal in Nahansicht als Kopfporträt, mal als Bruststück. Überwiegend sind die Gesichter frontal aufgenommen, mit einigen Ausnahmen im Dreiviertelprofil und in Profilansicht. Obwohl die Porträts teilweise unscharf sind, vermeint man doch, alle Gesichter erkennen zu können. Viele der Schwarz-Weiß-Fotografien sind verblasst oder verschwommenen. Sie wurden alle auf das gleiche Format hin vergrößert. Die insgesamt 1200 Fotoporträts werden hinter Glas in einer Reihung präsentiert, die augenscheinlich die gesamte Höhe der Wand des Ausstellungsraums bedeckt: Vom Boden bis zum oberen Wandabschluss sind es acht Bildreihen. Der schmale Abstand zwischen den einzelnen Bildern erleichtert die Einzelbetrachtung der Porträts. Der Besucher scheint ganz nahe an die Bilder herantreten zu können. Die Raumöffnung erlaubt ihm auch, die Installation aus einem gewissen Abstand in ihrer Gesamtwirkung zu betrachten.

   Die Porträts zeigen ganz verschiedene Menschen, vom Kleinkind bis zum Greis: eine sitzende Frau mittleren Alters mit weißer Bluse und dunkler Perlenkette, ein ernst blickender Mann mit Stirnglatze in Nahansicht, ein grinsendes Kind u. v. a. Auf einigen Aufnahmen erkennt man auch zwei oder mehr Personen. Es scheinen Porträtaufnahmen aus dem Leben unbekannter Menschen verschiedener Herkunft zu sein, aufgenommen in glücklichen wie auch unglücklichen Momenten. Wie die Jahresangabe verrät, trug der Künstler Christian Boltanski, der die Installation konzipierte und realisierte, die 1 200 Porträts in den Jahren 1970 bis 1994 zusammen.

2. *Hinweis: Ihre Interpretation fußt auf der in Aufgabe 1 formulierten Beschreibung. Sie bauen Ihre Werkdeutung auf Ihr verfügbares Wissen über den Künstler Boltanski unter Einbeziehung seines Gesamtwerkes auf. Gehen Sie dabei auch auf Sinn und Zweck der Erinnerungskultur im Werk des Künstlers ein. Vermeiden Sie spekulative Äußerungen; bleiben Sie bei dem sichtbaren Werk und Ihrer gesicherten Kenntnis darüber.*

   Vergänglichkeit und Erinnerung sind die Themen, mit denen sich der französische Künstler Christian Boltanski in seinen überwiegend raumgreifenden Installationen auseinandersetzte. Seine Werke besitzen einen hohen Wiedererkennungswert: Stark vergrößerte Schwarz-Weiß-Fotografien, in Reihung gehängt, sowie die Raum einnehmende Präsentation sind typische Merkmale seines Kunst-

schaffens. Wie in der Installation „Menschlich" zeigen die Fotografien fast durchweg Porträts, die der Künstler nicht selbst aufgenommen hat. Boltanski sammelte Fotografien. Er ging dafür auf Flohmärkte und stöberte in Fotoalben. Es waren manchmal sehr alte, historische Aufnahmen, die er auswählte, manchmal waren sie auch nur wenige Jahrzehnte alt, wie die Porträts für die Installation „Menschlich". 1200 Gesichter trug Boltanski in den Jahren 1970 bis 1994 zusammen, dabei waren ihm die Personen völlig unbekannt. Er hat keinerlei Bezug zu den gezeigten Menschen, genau wie der Betrachter, der ihnen in der Installation zum ersten Mal begegnet. Obwohl sich die so unterschiedlichen Gesichter in Unschärfe aufzulösen und ihre Konturen zu verlieren scheinen, schaut man genau hin. Man weiß nicht, wer die Personen sind oder waren. Man kennt ihre Geschichten nicht. Und doch ist man versucht, ihre persönlichen Lebensgeschichten zu rekonstruieren. Man analysiert fast unbemerkt die Details der Fotografien, z. B. ein Lächeln, einen verkniffenen Mund, einen unsicheren Blick etc. Dabei zeigt sich, dass die Installation keine bestimmten Menschenleben präsentiert, nicht nur glückliche, traurige oder ernste. Es scheint alles dabei zu sein. Genau darauf hat der Künstler Wert gelegt: Er wollte die Menschen so facettenreich zeigen, wie sie eben sind. Mit all ihren Verschiedenheiten in Ausdruck und Aussehen, in unterschiedlichen Altersstufen – einfach menschlich, wie schon der Titel der Installation besagt.
Tritt man von den abgelichteten Einzelschicksalen mehrere Schritte zurück und überblickt die Gesamtinstallation, werden die enorm vielen Porträts schnell zu einer anonymen Menschenmenge. Individuelle Erinnerungen gehen in der Masse unter. Ihre Spuren verlieren sich in der Betrachtung aus der Distanz, unsere Wahrnehmung verliert an Schärfe und Konzentration. Bei der Beschäftigung damit bekommen wir ein Gefühl, eine Einstellung, die zum Nachdenken anregt.
Es scheint, als wollte Boltanski mit dieser Installation die gezeigten Menschen gerade dem Vergessen entreißen. Der Künstler erinnert an das allgemeine, geradezu „unmenschliche" Vergessen. Was wird aus den Geschichten dieser vielen Menschen? Gehen sie einfach verloren wie die Personen selbst nach einer bestimmten Lebenszeit? Das Thema der Bewahrung der Erinnerung, auch als Mahnung an historische Geschehnisse, zieht sich durch das Werk Boltanskis. Der Künstler wurde geprägt durch seine Kindheit, in der sein ukrainisch-jüdischer Vater die Erinnerung an den Holocaust aufrechterhielt und stets gegen das Vergessen dieser Gräueltaten ankämpfte.

Wie in der Installation „Menschlich" griff Boltanski in seinen Arbeiten häufig auf abgelegte persönliche Gegenstände ihm unbekannter Personen zurück. Die Frage, inwieweit diese Gegenstände oder Porträts den Charakter einer bestimmten Person zu erkennen geben, muss der Betrachter selbst entscheiden. Er wird in diesem Prozess auf seine eigene Existenz zurückgeführt und vor die Frage gestellt, was es ist, das den Menschen ausmacht. Was bleibt übrig an Individualität, wenn wir gehen? Wie und warum erinnern wir uns? Mit seiner Installation führt uns der Künstler die Kunst des Erinnerns vor Augen – gegen das Vergessen.

3. *Hinweis: Hier ist Ihr im Unterricht erworbenes Hintergrundwissen zur Kunst des Erinnerns im öffentlichen Raum oder sonstigen Einrichtungen, z. B. musealen, gefragt. Ihre beschreibenden Sätze sollen den formalen und inhaltlichen Charakter der Kunstwerke darstellen. Begründen Sie zudem Ihre Auswahl.*
Der hier aufgezeigte Lösungsansatz dient nur als Orientierung. Eine vollständige Aufzählung der Erinnerungskultur wird im Folgenden nicht gegeben, da diese in sich nicht abgeschlossen dargestellt werden kann.

Auch wenn das Erinnern in erster Linie ein subjektiver Vorgang ist, gibt es Denk- und Mahnmale, die bestimmte Ereignisse ins kollektive Bewusstsein rufen möchten.
Insbesondere nach der deutschen Reichsgründung 1870/71 erlebte die Denkmalkultur einen bisher unerreichten Höhepunkt. So wurden beispielsweise Hunderte von Statuen der Kaiser Wilhelm I. und II. errichtet, deren künstlerische Qualität eher fragwürdig war: Viel zu gleichförmig und belanglos sahen die Figuren aus. Auffallend anders war hingegen das Goethe-Schiller-Denkmal in Weimar von **Ernst Rietschel**, das 1857 vor dem Stadttheater aufgestellt wurde. Geprägt von moderner Sachlichkeit und Zeitlosigkeit war es vor allem die Individualität in der Darstellung der Dichterfreunde, die dieses klassizistische Werk zu einem Vorbild in der Denkmalplastik machte. Zu Beginn des 20. Jahrhunderts wurde es sogar mehrfach in den USA kopiert.
Auguste Rodin setzte diese Entwicklung der Individualisierung fort: Seine berühmte Bronzeplastik „Die Bürger von Calais“ aus dem Jahre 1895 ist Zeugnis eines neuen Menschenbildes, das sich ganz gegen die Heldenverehrung der früheren Jahre richtet. Das Denkmal erinnert schonungslos realistisch an ein historisches Ereignis. Die Helden werden dabei dem Betrachter nicht mehr unnahbar auf einem hohen Sockel präsentiert (Schiller und Goethe stehen noch auf einem mehrere Meter hohen Steinsockel), sondern auf Augenhöhe. Sie sind damit für den Betrachtenden erreichbar und wirken so auch im übertragenen Sinne menschlicher.
Wird das Thema „Mensch“ im 20. Jahrhundert zum dominierenden Motiv in der bildenden Kunst, so wirkt sich dies auch auf die Denkmalskulptur aus. **Ossip Zadkine** schuf die Skulptur „Die zerstörte Stadt“ Anfang der 1950er-Jahre für die niederländische Stadt Rotterdam, die im Zweiten Weltkrieg zu beinahe 80 % von den Deutschen zerstört worden war. Die dort auf einem zentralen öffentlichen Platz präsentierte 6,50 m hohe Bronzeskulptur ist ein Mahnmal gegen den Krieg. Sie zeigt eine riesige, in sich verdrehte Figur, die schreiend die Arme nach oben, gen Himmel, streckt. Ihre ausgedrehten Gelenke und zum Teil verkürzten Gliedmaßen erinnern an Verletzungen. Gequält und verwundet scheint sie zu mahnen: Nie wieder Krieg!
Etwa zur gleichen Zeit schuf **Henry Moore** seine „Großen Liegenden“. Riesige liegende, weibliche Bronzefiguren, die mit der Zeit eine formale Entwicklung erlebten: Der Künstler zergliederte sie in zwei Stücke. Zum einen wandte er sich damit mehr und mehr der Abstraktion zu, zum anderen können seine „Großen Liegenden“ auch als Denkmal der Menschlichkeit verstanden werden. Der weib-

liche Körper zeigt Merkmale der Verwundung auf und ist so auch ein Spiegel des Menschen im 20. Jahrhundert, dessen erste Hälfte von zwei Weltkriegen geprägt wurde.

Abschließend soll noch ein zeitgenössisches Mahnmal des zurzeit viel diskutierten chinesischen Künstlers **Ai Weiwei** genannt werden: Seine im Jahre 2009 für das Haus der Kunst in München gestaltete Installation „Remembering" war dem Andenken an die über 5000 Schulkinder gewidmet, die bei einem verheerenden Erdbeben in China 2008 ums Leben kamen. Die Installation wurde an der Außenfassade des Ausstellungshauses in München gezeigt. Sie bestand aus 9000 Kinderrucksäcken in den Farben Weiß, Gelb, Rot und Grün (auf blauem Grund). Sie ergaben an der Fassade einen chinesischen Schriftzug. Dieser stellte übersetzt den verzweifelten Satz einer der Mütter der verunglückten Kinder dar. Besonders brisant war diese Installation, weil der Künstler damit auch offen seine Kritik an der chinesischen Regierung aussprach. Diese war durch die wirtschaftliche und ökologische Ausbeutung nicht unschuldig am Einsturz des billig erbauten Schulgebäudes. So schuf Ai Weiwei mit seiner Installation einerseits einen Ort des Erinnerns, andererseits nimmt er eine sehr kritische Haltung gegenüber der politischen Führung Chinas ein, die in seinen Augen nur nach Gewinn strebt.

Kunst – grundlegendes Anforderungsniveau
Klausur 5 (120 Minuten)

Kunstbewegungen im 20. Jahrhundert/Ein Gefühlszustand
Gleichwertiger Anteil von Theorie und Praxis
(Werkanalyse/Bleistiftzeichnung)

Aufgabenstellung Punkte

Theorieteil (50 Minuten)

1. a) Charakterisieren Sie die Kunstbewegung der Futuristen und benennen und erklären Sie ihre unterschiedlichen Zielsetzungen. Zeigen Sie anschließend auf, wie diese Ziele später gedeutet wurden, und gehen Sie dabei auf den damaligen geschichtlichen Hintergrund ein.
   b) Zeigen Sie in aller Kürze an einem Werkbeispiel unter Nennung von Titel und Künstler, wie diese Ziele konkret im Bild umgesetzt wurden. 15

2. Erklären Sie Ernst Ludwig Kirchners künstlerische Zielsetzungen und seine Überlegungen bezüglich des kreativen Schaffensprozesses vor dem Hintergrund des Wandels des Welt- und Menschenbilds zu Beginn des 20. Jahrhunderts. 15

Praxisteil (70 Minuten) 30

Ein Gefühlszustand

Erproben Sie die Bildwirkung Ihres Gesichts. Ändern Sie dazu Kopfhaltung und Mimik und finden Sie so zu einem spannungsreichen Arrangement, das einen inneren Gefühlszustand verdeutlicht. Dieser kann von Verträumtheit über enthusiastische Freude bis hin zu einer aggressiven Grimasse in übersteigerter Dramatik reichen.

Fertigen Sie mit Bleistift eine Zeichnung an, auf der ein Teil Ihres Gesichts zu sehen ist. Das Bild soll einen effektvollen, ggf. stark vergrößerten Ausschnitt zeigen. Wählen Sie ein passendes Format, das von einem ausgewogenen Hoch- bzw. Querformat bis hin zu einem Quadrat oder einem langem Streifen reichen darf. Machen Sie das Format auf Ihrem Papier durch eine Begrenzungslinie kenntlich.

Zeigen Sie mit geeigneten zeichnerischen Mitteln Plastizität. Die Modellierung, die von feinsten Nuancen, aber auch starkem Hell-Dunkel geprägt sein kann, muss zum Gesamtkonzept passen. Ihre Studie soll von genauer Beobachtung geprägt sein.

Materialien: Spiegel, Bleistifte, Papier

Abb. 1: Luigi Russolo, „Dynamismus eines Automobils“, 1912/13, Öl auf Leinwand, 106 × 140 cm, Musée National d'Art Moderne, Centre Georges Pompidou, Foto: bpk | CNAC-MNAM | Jean-Claude Planchet

Lösungsvorschläge

Theorieteil

1. a) *Hinweis: Achten Sie bei der Beantwortung stark auf die Ordnung und Logik Ihrer Darstellung, da die Fragestellung viele Teilbereiche umfasst. Stellen Sie die Zusammenhänge deutlich heraus und beschränken Sie sich auf die besonders relevanten Aspekte.*

Der vom Dichter **Marinetti** 1909 in Italien begründeten Bewegung der Futuristen schlossen sich viele revolutionäre Literaten und Künstler an. Sie verstanden sich auch als politische Bewegung. Sie traten in der Öffentlichkeit sehr aggressiv, nationalistisch und provokant auf. Sie verherrlichten den Krieg und lehnten sich polemisch gegen Tradition und Konservativismus auf. Letztere waren ihrer Meinung nach für Stillstand und den Rückstand der italienischen Kunst verantwortlich, den sie gegenüber den anderen europäischen Ländern und deren avantgardistischen Strömungen ausmachten. Die Futuristen wollten diesen Rückstand nicht nur aufholen, sondern etwas ganz Neues schaffen und dadurch wieder eine führende Rolle in der Kunstentwicklung übernehmen. Statt stolz auf das vielfältige kulturelle Erbe Italiens zu sein, wollten sie einen totalen Aufbruch und nicht mehr an die Entwicklungen der Vergangenheit anknüpfen. In diesem Zusammenhang steht auch ihr Aufruf, Museen, Bibliotheken und die Akademien zu zerstören.

Die Futuristen machten sich zum Ziel, sich mit der Gegenwart auseinanderzusetzen. Sie waren begeistert von den technischen Neuerungen ihrer Zeit und von tiefem Glauben an den Fortschritt und die Zukunft beseelt. Sie stellten Technik und Maschinen positiv dar. Dynamik wurde zu ihrem zentralen Thema, Geschwindigkeit zu ihrem neuen Schönheitsideal. Auch formal versuchten sie in ihren Werken Bewegung auszudrücken. Der Betrachter sollte sie unmittelbar spüren können.
In den 1970er-Jahren wurden Marinettis Äußerungen dahingehend gedeutet, dass er in provozierender Weise übertrieben habe, um sich Aufmerksamkeit zu verschaffen. Erst später in den 1990er-Jahren setzte sich in der kunstgeschichtlichen Forschung die Ansicht durch, dass die unverhohlene Kriegsverherrlichung und Kriegstreiberei, verbunden mit einem übersteigerten Nationalismus, durchaus ernst gemeint und typisch für die aggressive Avantgarde der Moderne kurz vor dem Ersten Weltkrieg gewesen seien.

b) *Hinweis: Gehen Sie in geordneter Weise auf die Motivlage und die formale Gestaltung (Formensprache/Komposition und Farbgebung) ein. Beschränken Sie sich bei der Beschreibung des Werkbeispiels unbedingt auf die für die Fragestellung wichtigsten Aspekte. Achten Sie besonders bei Ihren werkanalytischen Ausführungen auf die differenzierte Anwendung der Fachsprache.*

Der Futurist **Luigi Russolo** stellte in seinem Gemälde „**Dynamismus eines Automobils**“ (siehe Abb. 1) ein fahrendes Auto dar. Das eigentliche Hauptmotiv des Autos ist dabei nur schwer zu erkennen, da es auf die wesentlichen Formen reduziert und nur in Grautönen wiedergegeben ist und von halb transparenten roten, sich horizontal nebeneinander parallel überlagernden Dreiecksformen teilweise überdeckt wird. Diese Dreiecke weisen in die Fahrtrichtung und machen formal die Bewegung deutlich. Neben der Fläche des Autos kommt die rote Farbe stärker zur Geltung und macht die Energie und Kraft sichtbar. Sie wird ergänzt durch grelles Gelb, das wie Funken vor allem unter den Rädern des Autos nach hinten die Beschleunigung versinnbildlicht. Die formalen Mittel und die damit verbundene Wirkung der gewählten Formen und Farben stehen im Vordergrund und machen das, was der Titel verheißt – den „Dynamismus eines Automobils“ – spürbar, während der eigentliche, stark abstrahierte Gegenstand in den Hintergrund tritt.

2. *Hinweis: Nennen Sie präzise die Zielsetzungen und Überlegungen und zeigen Sie daraufhin deren Hintergrund in seinen wesentlichen Aspekten so auf, dass die Zusammenhänge deutlich werden. Achten Sie auf eine klare Ordnung und die logische Nachvollziehbarkeit ihrer Argumentation.*

Ernst Ludwig Kirchner wollte in seinen Werken sein Inneres, seine Gefühle ausdrücken. Die künstlerische Bewegung, der er angehörte, nannte man entsprechend Expressionismus, abgeleitet vom lateinischen Wort für „Ausdruck". Um diesen zu verwirklichen, trat er vehement für ein Kunstschaffen ohne vorher festgelegte Regeln ein. Er wollte spontan und frei arbeiten.
In seinen Arbeiten entfernte er sich von der sichtbaren Realität. Dies lässt sich heute u. a. dadurch erklären, dass der Glauben der Menschen zur damaligen Zeit an das Sicht- und Greifbare durch neue wissenschaftliche Erkenntnisse tief greifend erschüttert wurde: Die Lehren des beginnenden Atomzeitalters, die Relativitätstheorie und das Raum-Zeit-Kontinuum stellten das Weltbild auf den Kopf.
Das Menschenbild änderte sich ebenfalls grundlegend. Freuds Entdeckung des Unbewussten führte zur Vorstellung einer inneren Realität jenseits des Sichtbaren. In diesem Bereich befinden sich Vergessenes und Verdrängtes, Wünsche, Ängste und Emotionen, die durch psychische Kontrollinstanzen unter Verschluss gehalten werden. Die Fantasie bringt dieses Verborgene aber an die Oberfläche. Sie ist die Basis des von Kirchner angestrebten spontanen, triebhaften Gefühlsausdrucks. Seine Bilder sollten aus der Tiefe der Psyche direkt auf die Leinwand gelangen, ohne Zwischenschaltung des Verstandes.
Dies war ein sehr subjektives Vorgehen, das streng genommen äußere Einflüsse, wie beispielsweise kunstgeschichtliche Traditionen, ignorierte und auf etwas sehr Ursprüngliches und Eigenes abzielte. Statt der Orientierung an der europäischen Hochkultur strebten Künstler wie er in ihrem Wunsch nach Aufbruch und Neuem zu den Wurzeln, die man im noch „Ungebildeten", „Zivilisationsfernen" zu finden glaubte. Man versuchte wieder so zu malen, wie es kleine Kinder tun: ganz automatisch, ohne nachzudenken. Aber auch die Bilder von „Verrückten" oder Werke aus den Kolonialgebieten, wie z. B. aus Afrika, fanden reges Interesse.
Eine Gemeinsamkeit war nach damaliger Ansicht ihre Entstehung, bei der rationales Vorgehen kaum eine Rolle spielte, sondern ein „wildes", freies Schaffen bevorzugt wurde. Diese Arbeiten bezeichnete man als „rein", sozusagen unverdorben von schädlichen Einflüssen. Sie stammten aus einer noch heilen Welt, in der der Mensch instinktiv lebte. Dass man so eine jahrhundertelange Entwicklung der abendländischen Malereigeschichte, auf die das Bürgertum so stolz war, beiseitewischte und Bilder anfertigte, die den Werken von „Wilden" oder „Wahnsinnigen" ähnelten, löste bei vielen Bürgern einen Schock aus. Deren eingefahrene, starre Haltung wollten die Expressionisten durchaus bewusst erschüttern.
Auch in der Motivwahl offenbaren sich Kirchners antibürgerliche Haltung und seine kritische Einstellung. Er malte häufig sogenannte Randgestalten der Gesellschaft, wie beispielsweise die Prostituierten in Berlin. Kirchner zeigt so den Menschen als leidendes Opfer der Großstadt und macht dadurch auf die Schattenseiten des Kapitalismus aufmerksam.

Kunst – grundlegendes Anforderungsniveau
Klausur 6 (120 Minuten)

Designtheorie und -funktionen / Gestaltung eines Rollschuhs
Gleichwertiger Anteil von Theorie und Praxis
(Designtheorie und -geschichte / Designentwurf mit Bleistift)

Aufgabenstellung	Punkte
Theorieteil (60 Minuten)	
1. Designgegenstände erfüllen drei Funktionen. Benennen Sie diese, erklären Sie, was man unter der jeweiligen Funktion versteht, und zeigen Sie dabei ihre wesentlichen Aspekte auf.	12
2. Beschreiben Sie allgemein die Formgestaltung von Gebrauchsgegenständen am Bauhaus und erklären Sie, was zu dieser Art der Gestaltung geführt hat, indem Sie die Zielsetzung und Methoden der Hochschule deutlich machen. Zeigen Sie dann wesentliche Merkmale und Überlegungen kurz an einem Werkbeispiel auf.	18
Praxisteil (60 Minuten)	30

Rollschuh

Entwerfen Sie zeichnerisch einen **Rollschuh** (Rollerskates/Inliner). Der mit Bleistift gezeichnete Entwurf soll extravagant und ungewöhnlich wirken und mit seinen geschwungenen, fließenden Linien eine hohe Dynamik suggerieren. Alle Detailformen, z. B. der Verschlussmechanismus, sollen dem integralen Prinzip folgen.

Sie dürfen sich in Ihrer Gestaltung so stark von den herkömmlichen Lösungen entfernen, dass Ihr Entwurf eher als ein künstlerisches Objekt wahrgenommen wird. Trotzdem muss seine Bedienung leicht verständlich sein.

Zeichnen Sie neben einer Gesamtansicht (Seitenansicht) eine weitere vergrößerte Detailansicht, z. B. vom Verschlussmechanismus, von der Rollenbefestigung oder der Bremse. Dabei dürfen Sie auch die Perspektive wechseln.

Achten Sie bei Ihrer Zeichnung auch auf die Wiedergabe von Plastizität, eine sorgfältige Ausführung und eine adäquate Aufteilung des Blattes mit angemessener Anordnung und Größe der Einzelzeichnungen.

Für eventuelle Skizzen können Sie das Kopierpapier verwenden. Dieses Blatt wird nicht bewertet und muss nicht abgegeben werden.

Materialien: Bleistifte, Papier, Kopierpapier

Lösungsvorschläge

Theorieteil

1. *Achten Sie auf eine klare Ordnung und Logik Ihrer Darstellung. Benennen Sie zunächst jeweils die Funktion, erklären Sie die Bedeutung des Fachbegriffs und gehen Sie danach auf die einzelnen Aspekte ein, die die Funktion beinhaltet. Nennen Sie die wichtigsten Aspekte zuerst und beschränken Sie sich bei den Unteraspekten auf die wesentlichsten bzw. gehen Sie bei Ihren Ausführungen zusammenfassend vor. Bedenken Sie, dass Beispiele einen Sachverhalt lediglich veranschaulichen, eine Erklärung aber nicht ersetzen können. Achten Sie auf die differenzierte Anwendung der Fachsprache.*

Eine der Funktionen, die ein Designgegenstand erfüllt, wird als praktische Funktion bezeichnet. Darunter versteht man die Erfüllung des Zwecks.
Zu berücksichtigende Aspekte enthalten zum Beispiel die Ergonomie des Gegenstands. Damit ist die Anpassung an den menschlichen Körper gemeint. Sie bezieht sich einerseits auf die Form, andererseits auch auf die Berücksichtigung des Kraftaufwands beim Gebrauch. Ebenfalls zur Zweckerfüllung wird die Vermeidung möglicher Gefahren, z. B. einer Verletzung, gerechnet. Auch eine möglichst lange Lebensdauer – z. B. durch die Stabilität der Einzelteile und die Belastungsfähigkeit des Materials – gehört dazu. Ein weiterer Aspekt dieser Funktion ist die Pflegeleichtigkeit, z. B. durch eine günstige Oberfläche und Formgebung. Zur Zweckerfüllung gehört auch das sogenannte „Davor und Danach“, was den benötigten Platzaufwand bei der Lagerung, aber auch den Ressourcenverbrauch bei der Herstellung und dem Transport und eine spätere Recyclingfähigkeit umfasst.
Eine weitere Funktion eines Designgegenstands ist die ästhetische Funktion. Damit ist gemeint, dass der Gegenstand die Sinne in angenehmer Weise anspricht: durch seine Optik und Haptik, aber ggf. auch durch seinen Geruch, Geschmack oder Klang. Der Designer muss je nach Gegenstand die Bereiche Form, Farbe und Material entsprechend wählen und gestalten.
Die dritte Funktion ist die symbolische Funktion. Darunter versteht man die Erfüllung emotionaler Ansprüche. Sie beinhaltet also psychologische, nicht sichtbare Aspekte, wie die persönliche, soziale und kulturelle Bedeutung eines Gegenstands. So kann es sich um einen Lieblingsgegenstand oder ein persönliches Erinnerungsstück handeln oder um einen Gegenstand, mit dem man sich einer bestimmten Gruppe zugehörig zeigen oder von anderen abgrenzen kann, z. B. durch ein Statussymbol. Auch das Auslösen positiver Gefühle beim Besitzer oder Benutzer, die sogenannte emotionale Erlebnisqualität eines Produkts, gehört zu dieser Funktion. Diese wird meist durch Werbeversprechen aufgebaut, die dem Gegenstand ein bestimmtes Image oder einen bestimmten (Marken-)Charakter verleihen.

2. *Hinweis: Gliedern Sie Ihre Ausführungen klar und nachvollziehbar. Beachten Sie dabei die Formulierung der Fragestellung genau, sie gibt Ihnen Orientierungshilfe. Beschränken Sie sich auf die besonders relevanten Aspekte. Gerade die Formulierung der letzten Teilfrage betont die Notwendigkeit, sich auf das Wichtigste zu beschränken.*

Bei der Formgestaltung von Gebrauchsgegenständen war am Bauhaus die Besinnung auf schlichte, klare Formen bis hin zur Reduktion auf geometrische Grundformen maßgeblich. Dies führte meist auch zum Verzicht auf Dekor, das als überflüssig angesehen wurde. Besonders berucksichtigt wurde bei der Form- und Farbgebung sowie der Materialwahl die Funktionalität des jeweiligen Gegenstands.
Diese zu optimieren war auch gleichzeitig eines der Hauptziele. Dazu wurden von den Studenten zusammen mit den Lehrern umfangreiche Versuchsreihen unternommen. Man lernte also im praktischen Tun, in experimentellem und forschendem Vorgehen, beispielsweise, indem man das verwendete Material oder die verwendeten Formen auf vielfältige Weise untersuchte. Lösungen mündeten in die Gestaltung von Produkten für den Verkauf, um die Hochschule mitzufinanzieren, und sogar in die Erarbeitung von Prototypen für die industrielle Massen produktion. Man setzte sich daher mit den Herstellungsmethoden und den in der industriellen Fertigung verwendeten Maschinen auseinander und berücksichtigte diese bei den Entwürfen. Eine der Forderungen war entsprechend die Verbindung von Kunst und Technik.
Im Gegensatz zur Orientierung an historischen Stilformen strebte man so etwas völlig Neues an. Folglich wurde Kunstgeschichte nicht mehr gelehrt. Alte Meisterwerke waren zwar noch Unterrichtsgegenstand. Sie wurden allerdings nur noch in ihrer aktuellen Wirkung auf den jeweiligen Betrachter gefühlsmäßig analysiert. Bei derartigen Analysen spielten die vom Lehrpersonal neu erarbeiteten, wissenschaftlichen Gestaltungslehren – wie z. B. die uns heute noch bekannten Farbkontraste von Itten – eine wichtige Rolle.
Die Unterrichtenden sahen sich nicht nur gleichzeitig als Theoretiker wie auch als Praktiker, sondern mitunter auch als Künstler und gleichzeitig als Handwerker. Die Trennung zwischen Kunst und Handwerk sollte aufgehoben werden, was Letzteres enorm aufwertete.
Angestrebt wurde die Gestaltung aller Lebensbereiche, ein Gesamtkunstwerk, zu dem alle Kunstformen ihren Teil beizutragen hatten. Kunst und Leben sollten in völlig neue Bahnen gelenkt werden. Im regen Austausch aller Expertengruppen sollte eine soziale und geistige Gemeinschaft entstehen, die die Bauhütten des Mittelalters als Vorbild hatten. Diese Anlehnung klang auch in der Namenswahl der Hochschule – Bauhaus – an.

An **Josef Hartwigs „Bauhaus-Schachspiel“** lassen sich einige typische Merkmale von Gegenständen aus dem Bauhaus ablesen. Die traditionellen Formen der Spielfiguren wurden vollständig über Bord geworfen. Sie wurden auf abstrakte, geometrische Formen reduziert. Basis waren Würfel und Kugel, die einzeln oder kombiniert, mitunter auch negativ ausgespart, die früher naturalistisch geschnitz-

ten Figuren wie Türme oder Könige ersetzten. Das Spiel erschien schlicht und klar, völlig einheitlich und harmonisch gestaltet, da die Spielfiguren und das Spielbrett nun eine formale Einheit ergaben.
Der praktische Nutzen nahm zu. Die Größe zeigte den Wert der Figur, die Form veranschaulichte die Bewegung, die man im Spiel damit jeweils machen durfte. So zeigte der Springer einen rechten Winkel an und der Läufer ein diagonales Kreuz. Die Gestaltung beruhte also auf der Besinnung auf das Wesentliche der Funktion. Das Spiel war leicht in den Hochschulwerkstätten herzustellen und war eines der erfolgreichsten Bauhaus-Produkte.

Josef Hartwig, Bauhaus-Schachspiel, 1924, © VG-Bildkunst, Bonn 2016, Foto: akg-images/arkivi

Kunst – grundlegendes Anforderungsniveau
Klausur 7 (100 Minuten)

Objektkunst/eigenes Objektkunstwerk

Aufgabe mit theoretischem Schwerpunkt
(Werkerschließung/Entwurfszeichnung mit Bleistift)

Raoul Hausmann (1886–1971)	*Mechanischer Kopf (Der Geist unserer Zeit)*, 1919, Holz und andere Materialien, 32,5×21×20 cm Centre Pompidou, Paris
Daniel Spoerri (*1930)	*Hahns Abendmahl*, 1964, diverse Gegenstände, montiert auf Holztafel, 200×200×38 cm Museum Moderner Kunst Stiftung Ludwig, Wien
Nikolaus Lang (1941–2022)	*Für die Geschwister Götte*, 1973/74, Kornkiste mit diversen Geräten und Fundstücken

Aufgabenstellung

Punkte

Theorieteil (60 Minuten)

1. Beschreiben Sie in aller Kürze die wesentlichen Aspekte von Raoul Hausmanns Kunstwerk „Der Geist unserer Zeit" und interpretieren Sie die Arbeit. 15

2. Daniel Spoerri wurde durch sogenannte Fallenbilder bekannt. Beschreiben Sie seine Vorgehensweise und erklären Sie seine Zielsetzung (inkl. möglicher Interpretationsansätze) und seine damit verbundenen Überlegungen. Vergleichen Sie diese mit Nikolaus Langs Umgang mit Objekten anhand seiner Arbeit „Für die Geschwister Götte". Machen Sie Unterschiede und Gemeinsamkeiten in der Vorgehensweise und den Überlegungen der Künstler deutlich und erklären Sie die künstlerische Zielsetzung Langs.
Gehen Sie dabei auch auf die jeweiligen künstlerischen Strömungen/Gruppierungen ein, denen die beiden zuzuordnen sind. 25

Praxisteil (40 Minuten) 20

Entwurfszeichnung eines Objektkunstwerks

Lassen Sie sich von der Form **eines** der auf der folgenden Seite abgebildeten Gegenstände zu einem anderen Gegenstand (o. Ä.) und damit zu einem Teil einer Plastik inspirieren. Vervollständigen Sie diese durch weitere (aus dem Kopf zu zeichnende) Gegenstände, Materialien oder Formen zu einem Werk der Objektkunst.

- Sehen Sie sich die Gegenstände in Ruhe an. Drehen Sie dazu auch die Abbildung.
- Zeichnen Sie daraufhin mit Bleistift die Form des ausgewählten Gegenstands zunächst an der richtigen Stelle und in der für Ihren Entwurf richtigen Größe möglichst genau ab. Verwenden Sie das Format DIN A4, hoch oder quer.
- Vervollständigen Sie danach zeichnerisch den Gegenstand zu einer Plastik.
- Achten Sie auf eine saubere Ausführung und eine ansprechende Positionierung auf dem Blatt.
- Geben Sie Ihrem Werk einen Titel, der es bei der Interpretation um einen bedeutungsvollen Aspekt bereichert.

Materialien: Bleistifte, Papier, Abbildungen

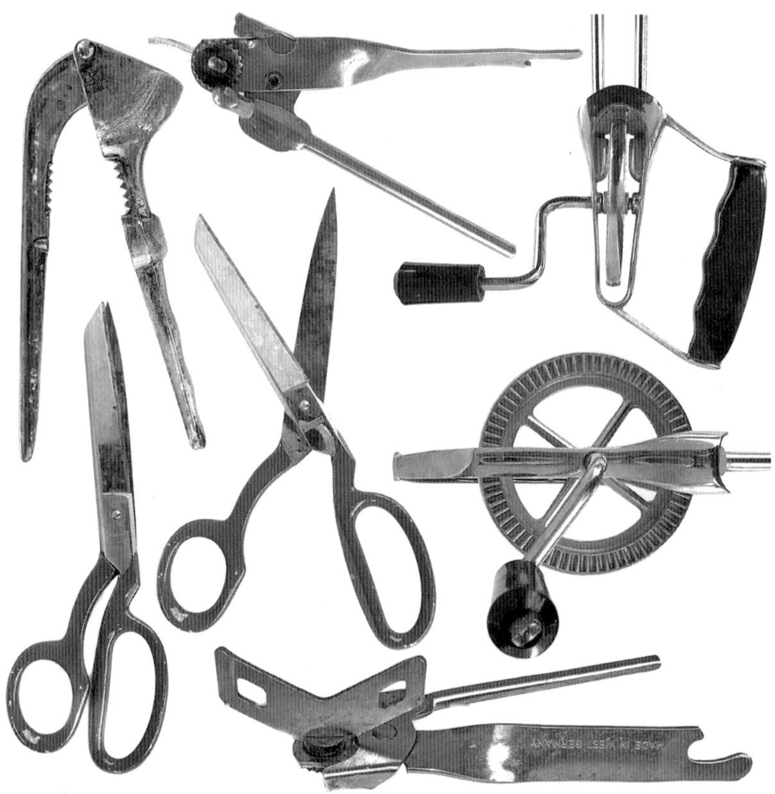

Foto: Sebastian Schnackenburg

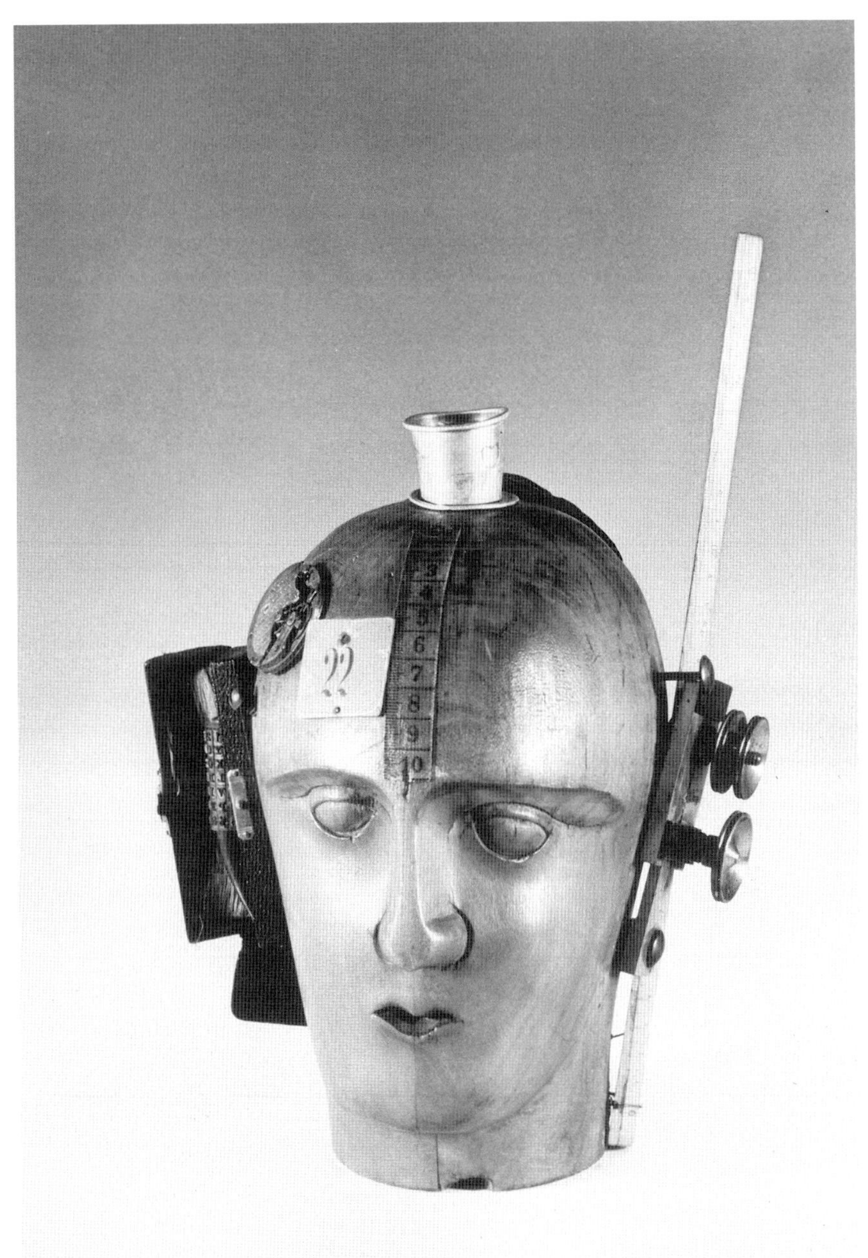

Abb. 1: Raoul Hausmann, „Mechanischer Kopf (Der Geist unserer Zeit)“, 1919, Holz und andere Materialien, 32,5×21×20 cm, Centre Pompidou, Paris, Foto: akg-images, © VG Bild-Kunst, Bonn 2016

Abb. 2: Daniel Spoerri, „Hahns Abendmahl“, 1964, diverse Gegenstände, montiert auf Holztafel, 200 × 200 × 38 cm, Museum Moderner Kunst Stiftung Ludwig, Wien, ehemals Sammlung Hahn, Köln, © VG Bild-Kunst, Bonn 2016

Abb. 3: Nikolaus Lang, „Für die Geschwister Götte", 1973/74, Kornkiste mit diversen Geräten und Fundstücken, © Nikolaus Lang

Lösungsvorschläge

Theorieteil

1. *Hinweis: Achten Sie auf die Ordnung und Logik der Darstellung, die Angemessenheit des sprachlichen Ausdrucks und die Relevanz der möglichen Aspekte. Beschränken Sie sich bei der Beschreibung auf die für die Interpretation wesentlichen Gegenstände. Machen Sie bei der Interpretation den Zusammenhang zwischen der Vorgehensweise des Künstlers und dem historischen Hintergrund deutlich. Gehen Sie dabei auf den Dadaismus ein.*

   Basis der Plastik „**Mechanischer Kopf**" ist ein hölzerner Friseurkopf, ohne individuelle Merkmale und Details, den zur damaligen Zeit jeder kannte, vergleichbar mit einer heutigen Schaufensterpuppe. Er steht für den anonymen, charakterlosen Massenmenschen.
   Raoul Hausmann kombinierte den Kopf mit weiteren Alltagsgegenständen. Sie verkörpern die Eigenschaften, die dem Menschen vom Schicksal bzw. Zufall quasi an den Kopf geklebt wurden und seinen Charakter ausmachen: Die Börse deutet Geldgier an. Der Meterstab und das Uhrwerk verweisen auf Rationalität („alles ist messbar"). Die Zahl macht den Menschen zur Nummer. Der Feldbecher, typischer Gegenstand eines Frontsoldaten, zeigt ihn als Kriegsteilnehmer, seine Platzierung auf dem Kopf – wie ein viel zu kleiner Hut oder eine Krone – macht ihn gleichzeitig lächerlich.
   Damit drückte Hausmann seine ablehnende Haltung gegenüber dem Ersten Weltkrieg aus. Er gehörte den Dadaisten an, einer Gruppe von Künstlern, die den Krieg und den vorherrschenden Nationalismus verabscheuten. Werke wie dieses verdeutlichen das. Es ging den Künstlern dabei auch um die Ablehnung kultureller Tradition, denn Nationalismus und die Kultur der sich bekämpfenden Staaten wurden als Ursache bzw. unterstützende Kräfte des Krieges gesehen. In Hausmanns Werk zeigt sich die dadaistische „Anti-Haltung": Der Kopf, die Basis des Werks, war nicht die vom Publikum erwartete, eigenhändig und kunstfertig geschaffene individuelle Skulptur eines Bildhauers, sondern ein anonym angefertigtes Massenprodukt. Bei den angehefteten „Zutaten" handelte es sich mehr oder weniger um wertlosen Müll.

   Ein solches Werk war eine gezielte Provokation, die ästhetische Werte und Traditionen über Bord warf. Das Bürgertum reagierte entsprechend schockiert und fühlte sich und seine Vorstellungen von Kunst verspottet, was ganz im Sinne der Urheber lag. Ihnen ging es neben der Kritik auch um einen völligen Neuanfang. Darauf zielte auch ihr Name „Dada" ab, der wie der erste Laut eines Babys klingt. Kindliches und damit verbunden Spielerisches und Zufälliges galt ihnen als „rein" und moralisch unbelastet. Entsprechend wurden dies die Leitmotive ihrer Arbeitsmethoden. Hausmann gab sogar vor, die Gegenstände zufällig gefunden zu haben. Als Künstler arbeitete er also angeblich ohne Vernunft, da diese die Menschen in die Katastrophe des Ersten Weltkriegs geführt hatte. Die Tatsache, dass sich einige der Fundstücke allerdings relativ eindeutig erschließen lassen, lässt eher vermuten, dass der Künstler ganz bewusst vorgegangen ist und durch seine Aussage ironisch falsche Fährten legen und gleichzeitig die neuartige Arbeitsweise betonen wollte. Derartig widersprüchliches, scheinbar willkürliches Verhalten war ebenfalls ein Versuch, sich von den Zwängen der Logik zu befreien und damit alles infrage zu stellen. Als Werk war „Der Geist unserer Zeit" sicherlich irritierend neuartig, unindividuell und zufällig. Gleichzeitig war es – zumindest für die Zeitgenossen – ein Sammelsurium von alltäglichem Krempel, der banal, wertlos, irgendwie auch erschreckend hässlich und wenig tiefgründig war. Nach Hausmann verhielt es sich mit dem sogenannten Zeitgeist nicht anders. Die pessimistisch anklagende Publikumsbeschimpfung, der Mensch habe nur die Charaktereigenschaften, die ihm der Zufall an den Kopf geklebt habe, lässt sich aber auch als konstruktive Kritik und Aufforderung lesen, sein Schicksal selbst in die Hand zu nehmen und sich seines eigenen Verstandes zu bedienen.

2. *Hinweis: Gliedern Sie Ihren Text in sinnvoller Weise und achten Sie auf die Ordnung und Logik der Darstellung. Eine Möglichkeit einer Strukturierung zeigt bereits die Formulierung der Fragestellung. Berücksichtigen Sie insbesondere beim Werkvergleich die Relevanz der vielen möglichen Einzelaspekte und beschränken Sie sich auf das Wesentliche. Gehen Sie sowohl auf die Unterschiede als auch auf die Gemeinsamkeiten ein.*

Den Ausgangspunkt eines Fallenbildes beschreibt **Daniel Spoerri** selbst als zufälliges Ins-Auge-Springen einer vorgefundenen, aussagekräftigen Situation. Diese findet er in Form alltäglicher Gegenstände vor, die für ihn eine besondere Bedeutung transportieren. Diese Dinge konserviert er, falls nötig, und fixiert sie durch Anschrauben oder Ankleben auf ihrer Unterlage. Daraufhin dreht er die Unterlage mit all ihren Gegenständen um 90 Grad vertikal, sodass er sie wie ein Bild an die Wand hängen kann.

Der Betrachter versucht, Bedeutungen der Objekte aufzudecken und liest in den Spuren, die er als authentisch und real einordnet. Das Ensemble ist nicht vom Künstler arrangiert, alles – bis auf die Drehung – liegt so vor, wie es offenbar hinterlassen wurde, wie eine Art Tatort. In diesem kann man vieles entdecken. Man kann beispielsweise erkennen, wer was, z. T. auch wie viel und vor allem wie ordentlich gegessen hat oder wer danach noch zu Zigarette und Schnaps gegriffen hat. Man sieht, ob sich Gruppen gebildet haben oder wer neben wem wie nahe gesessen hat. Mit etwas detektivischem Spürsinn kann man eine Art Porträt, ein Täterprofil oder gar ein Psychogramm erstellen.

Ein solches Werk ist keine subjektive Äußerung eines Künstlers, sondern vollkommen objektiv. Entgegen einem gemalten Bild sind diese Dinge echt, nicht vom Künstler nachgebildet, sondern Teil unserer Realität. Künstler, die in dieser Weise arbeiten, haben sich als „Neue Realisten" zusammengeschlossen und dies auf die Formel „Objekt = objektiv = real = Realität" gebracht.

Die Drehung verursacht einerseits eine neue, ungewöhnliche Perspektive, andererseits erinnern die Arbeiten so an Stillleben-Gemälde. Im Kontext der Kunst, in einer Galerie oder einem Museum, vergleicht man sie automatisch mit anderen Werken der Kunstgeschichte und bemerkt die Ähnlichkeit des Motivs zu barocken Stillleben, die die Reste eines opulenten Mahls darstellen. Einen solchen Blick auf Lebensfreude – aber auch auf ihre Vergänglichkeit (Vanitasgedanken) – geben uns beide Arbeiten: das Gemälde illusionistisch, zweidimensional nachgebildet, das Fallenbild durch einen isolierten, als Kunst präsentierten Ausschnitt aus der Realität. Spoerri bezeichnet ihn als ein Stück Alltagswirklichkeit, das wie in einer Falle eingefangen ist – daher der Name Fallenbild. Der Künstler erreicht so, dass wir einen neuen Blick auf die Alltagswirklichkeit wagen.

Die Arbeit „**Für die Geschwister Götte**“ von **Nikolaus Lang** besteht ebenfalls aus nicht vom Künstler hergestellten Alltagsobjekten, in deren individuellen Spuren man ihre Geschichte lesen kann. Lang suchte und sammelte die Gegenstände allerdings gezielt, sie sprangen ihm nicht einfach ins Auge. Er grub seine Fundstücke teilweise sogar aus und archivierte und inventarisierte sie. Die kunstgeschichtliche Strömung, der er angehört, nennt man „Spurensicherung“. Dieser Begriff stammt aus der Kriminalistik und charakterisiert die Arbeitsweise der Künstler: objektives Dokumentieren sowie nachforschendes Suchen und Sichern von Beweismitteln. Bei den letztendlich ausgestellten Objekten handelt es sich nicht nur um Gebrauchsgegenstände, sondern auch um Fundstücke aus der Natur (z. B. Pflanzen, Tierkadaver). Erweitert werden sie im Gegensatz zu Spoerri durch Inventarlisten, dokumentarische Notizen, die Lang beispielsweise nach Interviews mit in der Nähe lebenden Menschen anfertigte, und Fotos vom Fundort. In seiner Arbeit vollzog der Künstler wissenschaftliche bzw. wissenschaftsähnliche Tätigkeiten, als wäre er ein Archäologe oder ein Anthropologe bei der Feldforschung.

Lang rekonstruierte und dokumentierte so das Leben der Geschwister Götte nach deren Tod. Es ging ihm dabei um ein möglichst vielschichtiges und ganzheitliches Erschließen. Wie Spoerri lässt er dem Rezipienten große Freiheiten: Jeder liest in den „Spuren“ auf seine Weise, stellt Bedeutungszusammenhänge und Bezüge her und deutet individuell.
Anders als bei Spoerri spielen allerdings auch ästhetische und damit subjektive Gesichtspunkte bei der Präsentation eine Rolle. Es findet nicht nur eine Auswahl, sondern sogar eine Neu-Ordnung der Gegenstände statt. Statt des zufälligen, aber authentischen Chaos eines Fallenbildes zeigt sich hier alles minutiös geordnet. Die Fundstücke erscheinen wie in einem Raster, fast wie ein Muster. Diese Anordnung zeigt nicht nur ein Porträt der Göttes, sondern auch eines des Künstlers, der ein offenbar äußerst akribischer, ordentlicher Geist ist, der nichts verlieren will, der behutsam alles aufbewahrt, zeigt und schließlich wieder – nach der Ausstellung – sorgsam in der Kiste verstauen und aufbewahren kann.
Vergleichbar mit Spoerri ging es auch Lang um Vergänglichkeit und Erinnerung. Er zeigt ebenfalls einen Ausschnitt der Zeit, die weitergelaufen, Vergangenheit geworden ist. Lang dokumentierte aber nicht nur einen kurzen Moment, sondern

eine ganze Lebensspanne, nämlich die der vier Geschwister Götte, die bis 1966, als der Letzte starb, außerhalb eines bayrischen Dorfes in einfachen Hütten gelebt haben. Sie kamen als Einwanderer aus der Schweiz und erwarben landwirtschaftlichen Grund, wurden aber von der Dorfgemeinschaft ausgegrenzt. Dass sie ihr Leben in Armut und Vereinsamung gefristet haben, lässt sich an ihren Hinterlassenschaften ablesen. Für Lang waren sie faszinierende Überlebenskünstler, denen er ein Denkmal setzen wollte. Er macht ihre tiefe Religiosität, aber auch ihre sehnsüchtigen Träume in Form von aufbewahrten Kreuzfahrtprospekten ansichtig und zeigt, dass sie die Gegenstände des täglichen Bedarfs immer wieder reparieren mussten und nicht einfach entsorgen konnten. Der Kontrast zur aufkommenden Wegwerfgesellschaft könnte kaum größer sein. Lang dokumentierte die Lebensweise einer längst verlorenen Zeit, die zwangsweise parallel zur Wirtschaftswunderzeit stattgefunden hat. So wird in Langs Spurensicherung auch eine gesellschaftskritische Botschaft transportiert.

Kunst – grundlegendes Anforderungsniveau
Klausur 8 (90 Minuten)

Kommunikationsstrategien von Künstlern/Plakat für eine Sportveranstaltung
Gleichwertiger Anteil von Theorie und Praxis
(Kunsttheorie/Entwurfszeichnung mit Bleistift und Buntstiften)

Andy Warhol (1928–1987) *Dollar Sign*, 1981 (Serie aus den 1980er-Jahren)

Aufgabenstellung

Punkte

Theorieteil (45 Minuten)

1. Keith Haring kommunizierte nicht nur auf die traditionelle Weise durch Werke in Galerieausstellungen, sondern in verschiedenen weiteren Formen. Beschreiben Sie diese, zeigen Sie dabei die verschiedenen Facetten seiner Kommunikationsstrategie auf und erklären Sie, warum der Künstler so verfährt. 15

2. Erklären Sie Warhols Überlegungen und künstlerische Zielsetzung hinsichtlich der Werkreihe „Dollar Sign" (siehe Abbildung als Beispiel) möglichst umfassend und zeigen Sie verschiedene Interpretationsmöglichkeiten auf. Gehen Sie dabei auch auf die Wahl der wesentlichen formalen Mittel und die Arbeitsweise des Künstlers ein. 15

Praxisteil (45 Minuten) 30

Plakatentwurf

Entwerfen Sie ein möglichst auffälliges, kontrastreiches und einprägsames Plakat (ohne Text) für eine Sportveranstaltung. Es soll eine menschliche Figur zeigen, die sich in einer für die Sportart typischen Bewegung befindet.

Abstrakte, flächenhafte Formen im Hintergrund sollen dabei die bereits durch die Figur angelegte dynamische Wirkung zusätzlich unterstützen.

Achten Sie auf eine genaue Wiedergabe der menschlichen Figur mit korrekten Proportionen, die Wahl eines passenden Ausschnitts, eine dem Thema entsprechende Komposition, die Wahl angemessener zeichnerischer Mittel und eine sorgfältige Ausführung.

Materialien: Bleistifte, Buntstifte, Papier

Andy Warhol, „Dollar Sign“, 1981, Foto: picture alliance/dpa, © 2016 The Andy Warhol Foundation for the Visual Arts, Inc./Artists Rights Society (ARS), New York

Lösungsvorschläge

Theorieteil

1. *Hinweis: Achten Sie bei der Beantwortung auf die Ordnung und Logik Ihrer Darstellung. Stellen Sie zunächst möglichst umfassend die verschiedenen Kommunikationsformen zusammen. Überlegen Sie sich daraufhin eine sinnvolle Reihenfolge, damit Ihre Ausführungen schlüssig die Kommunikationsstrategie und die Beweggründe des Künstlers deutlich machen. Zeigen Sie dabei die Zusammenhänge auf.*

Keith Haring hat vorwiegend im öffentlichen Raum gearbeitet. Anfang der 1980er-Jahre fertigte er zahllose Werke an den U-Bahnstationen in New York an. Dabei verwendete er die nicht vermieteten, mit schwarzem Papier beklebten Leerflächen auf den Plakatwänden als Hintergrund für seine Zeichnungen, die er mit weißer Kreide ausführte. Er umging so die sogenannte Schwellenangst, die viele daran hindert, eine Galerie zu besuchen. Statt des üblichen Kunstpublikums, einer kleinen, elitären Gruppe, erreichte er so breite Bevölkerungsschichten in ihrem Alltag.
Im Gegensatz zum heimlichen, meist nächtlichen Arbeiten der Graffiti-Sprüher fertigte er seine Werke tagsüber für alle sichtbar in der Öffentlichkeit an. Dadurch ergaben sich viele Gespräche mit den Passanten. Seinen Auftritt als Künstler, der sich über die Schulter blicken lässt, und seine Gespräche sah er ebenfalls als Teil seiner künstlerischen Kommunikation. Ein befreundeter Fotograf dokumentierte diese Arbeitsweise, die mit steigendem Bekanntheitsgrad auch zunehmend von Selbstinszenierung geprägt war. Es kam zu medienwirksamen Verhaftungen wegen Sachbeschädigung, die sogar per Video festgehalten wurden. Durch gezielte Pressearbeit, bei der Haring das entstandene Material zur Verfügung stellte und Interviews gab, steigerte er seinen Bekanntheitsgrad und erreichte sehr schnell eine enorme Bekanntheit.
Durch einen individuellen und einheitlichen Zeichenstil und wiederkehrende Motive erzielte er einen hohen Wiedererkennungseffekt. Auch ohne Signatur wusste man als Betrachter, dass es sich wieder um eine Zeichnung Harings handelte. Einzelne Motive, wie ein bellender Hund oder ein von Strahlen umgebenes Baby, wurden zu seinem Markenzeichen, einer Art Logo. Sein extremes Arbeitspensum führte dazu, dass man als normaler Benutzer der U-Bahn automatisch immer wieder auf seine Werke stieß. Haring präsentierte viele Varianten wiederkehrender Themen und Motive, wodurch er sein Publikum zunehmend mit seiner Bildwelt vertraut machte und auch in der Deutung beeinflussen konnte. Teilweise fertigte er Arbeiten an, die sich gezielt aufeinander bezogen: Eine bereits bekannte Zeichnung wurde durch eine nachfolgende in ihrer Aussage plötzlich anders verstanden, sie wurde in neuem Zusammenhang gesehen und nicht nur als Einzelwerk interpretiert.
Seine traditionellen Ausstellungen waren dann erst der zweite Schritt seiner Karriere, die ihn zu einem der Shootingstars der Kunstszene beförderten und welt-

weit berühmt machten. Nachdem die Preise für seine Werke nach den Gesetzen des Marktes, der von Angebot und Nachfrage bestimmt ist, enorm gestiegen waren, nutzte er diesen Ruhm und die damit verbundenen Möglichkeiten, um wieder Kunst für sein ursprüngliches Publikum zu schaffen. Er eröffnete eigene Shops, in denen er beispielsweise Buttons, Kleidung und Uhren mit seinen Motiven verkaufte. Diese wurden von seinen Fans wiederum öffentlich getragen, was einerseits Haring als Künstler, aber auch seine Arbeiten mit ihren jeweiligen Botschaften bekannt machte. Sein Werk ist zu einer Marke geworden. Auf verschiedenen Massenveranstaltungen oder Demonstrationen verkaufte und verschenkte er zudem Aufkleber und Poster mit kritischen Botschaften als Massenware und erreichte so ebenfalls eine enorme Anzahl von Menschen aller Bevölkerungsschichten. Dies war für ihn ein Weg, trotz seiner Berühmtheit die Bodenhaftung nicht zu verlieren und seine grundsätzlich kritische Haltung zum Kunstmarkt zum Ausdruck zu bringen. In diesem Zusammenhang sind auch die Tatsachen zu sehen, dass er weiterhin in der U-Bahn arbeitete und manchmal Zeichnungen einfach verschenkte und Workshops oder andere Aktionen mit Straßenkindern veranstaltete.

2. *Hinweis: Gliedern Sie Ihren Text in sinnvoller Weise. Eine Möglichkeit einer grundsätzlichen Ordnung zeigt bereits die Formulierung der Fragestellung. Diese gibt auch Orientierung für die erwartete Textlänge. Während die künstlerische Zielsetzung und Warhols Überlegungen möglichst umfassend abzuhandeln sind, ist bei den formalen Mitteln lediglich auf das Wesentliche einzugehen. Achten Sie insbesondere bei Ihren werkanalytischen Ausführungen auf die differenzierte Anwendung der Fachsprache.*

Andy Warhols Werk „**Dollar Sign**“ wirkt wie eine Illustration seines berühmten Statements, Geld zu machen sei Kunst oder gut im Geschäft zu sein sei die faszinierendste Art von Kunst. Trotz derartiger Aussagen lässt er uns über seine eigentlichen Ansichten vielleicht doch im Unklaren – zu zweideutig und ironisch erscheinen sie. Sie wirken eher wie provozierende Antworten auf die Kritiker, die ihm als Vertreter der Pop-Art und als ehemaligem Werbegrafiker Kommerz vorgeworfen haben. Nach deren Meinung war die Beschäftigung der Pop-Art-Künstler mit der bunten Warenwelt und den trivialen Bildern der Werbung zu unkritisch und banal. Auch Warhol war dafür bekannt, seinem Publikum mit seiner Motivwahl genau das zu geben, was es liebte: neben Porträts von Stars beispielsweise Abbildungen so beliebter, typisch amerikanischer Massenkonsumprodukte wie *Campbell's Soup* oder *Coca-Cola*. Ob Warhol selbst ein Fan dieser Produkte war, wie er immer wieder in irritierenden Statements behauptete, und sie deshalb mit seiner Kunst bewarb oder ob er nur ein realistisches Bild seiner Zeit zeichnen wollte, lässt sich nicht eindeutig entscheiden. Diese Strategie der Motivwahl trieb er mit *Dollar Sign* auf die Spitze: Geld will nun wirklich jeder! Als Motiv wählte er ein großes, mehrfach leicht versetzt übereinander gedrucktes Dollarzeichen, das für Geld und Reichtum steht. Auf Leinwand gedruckt, verweist es auf die

Kommerzialität von Kunst. Als Ware geht sie in der Galerie über den Ladentisch und bereichert alle Beteiligten: Galerist und Künstler erhalten für das *Dollarzeichen* echte Dollars, der Käufer bekommt seinen echten Warhol.
Auch die Wahl der formalen Mittel war für seine Botschaft wichtig. Warhol hat das Zeichen mit einer gleich breiten, linearen Kontur wiedergegeben, die skizzenhaft schraffiert oder flächig gefüllt wurde. Dadurch werden der Eindruck von Klarheit und eine hohe plakative Wirkung erreicht, die gleichzeitig experimentell und spielerisch ist. Die Wahl weniger, vorwiegend kräftig leuchtender Farben mit hohen Kontrasten unterstützt dies und sorgt für die Pop-Art-typische, „farbenfrohe" Atmosphäre und Attraktivität, die der Ästhetik der Werbeplakate entlehnt war. Für die optimistische Grundstimmung sorgen auch die lockere, skizzenhafte Schraffur, die schwungvolle Formensprache und die dynamische Komposition, die von der Schrägstellung des Zeichens bestimmt ist.
Die Herstellungstechnik entlehnte Warhol ebenfalls der Werbung. Wie ein Plakat druckte er das Motiv im Siebdruckverfahren, einer Technik, die zur damaligen Zeit für die industrielle Massenfertigung üblich war, aber in der Kunst keine Rolle spielte, entsprechend irritierte und Traditionalisten empörte: Von einem Künstler erwartete man mehr Eigenhändigkeit, von seiner Arbeit mehr Individualität und nicht das Ergebnis eines industriellen Vervielfältigungsverfahrens. Warhol hingegen favorisierte das kunstferne „Werk einer Maschine", das anonym wirkte, da es keinerlei sichtbaren Duktus zeigte. Der Künstler lässt so persönliche Spuren, die Ausdruck subjektiven Schaffens und damit deutbar sind, erst gar nicht entstehen. Das Druckverfahren erleichterte es ihm außerdem, eine Serie von „Dollar Signs" anzufertigen. Die Werke unterscheiden sich in ihrer Farbigkeit, zum Teil auch in der Typografie. Der Künstler konnte so verschiedene Geschmäcker bedienen. Allerdings gibt es dadurch statt eines Unikats eine Vielzahl sehr ähnlicher Exemplare. Jedes dieser Werke ist zwar immer noch ein individuelles Einzelstück, seine Einzigartigkeit und Exklusivität ist aber zwangsläufig geringer. Es handelt sich eher um eine neue Form serieller Massenware, eine Art Kunst von der Stange. Hier zeigt sich, wie marktorientiert Warhol gearbeitet hat: Auf die hohe Nachfrage nach dem Motiv reagierte er einerseits mit einem hohen Preis und andererseits mit einer Ausweitung des Angebots. Dieses Gut-im-Geschäft-Sein war für ihn die faszinierendste Kunst. Setzt man finanziellen Erfolg mit Qualität gleich, lässt sich das kaum widerlegen. Dementsprechend macht auch die formale Gestaltung mit ihrer dekorativen Wirkung, die sehr vielen gefällt, das Werk leichter verkäuflich.

Warhols eigentliche Zielsetzung bleibt unklar. Auf jeden Fall wirkt das Werk wie ein Kommentar zur Konsumgesellschaft. Demonstriert der Künstler, dass Kunst zu drucken wie Geldpressen funktioniert? Bestärkt er mit seiner Arbeit den Kapitalismus und die Konsumkultur affirmativ und sieht er Kunst wirklich als eine reine Ware wie andere Konsumgüter auch? Oder will er der Konsumgesellschaft kritisch einen Spiegel vorhalten und treibt dazu ein ironisches Spiel? Entsprechend vielfältig sind die Interpretationsmöglichkeiten.

Neben der Frage, was uns der Künstler sagen will, ist dabei auch der Kontext der Ausstellung des Werks zu berücksichtigen. Was will uns als Betrachter derjenige sagen, der dieses Werk besitzt und zur Schau stellt? Es kann seine Kunstkennerschaft und seine Bildung unter Beweis stellen, vielleicht auch seine Pop-Art-Begeisterung. Durch die plakative Wirkung und die attraktiv leuchtende Farbigkeit steht das Werk für den Optimismus seiner Zeit und auch für die USA im Allgemeinen. Als Besitzer kann man mit diesem Werk auch den eigenen Reichtum demonstrieren – ein echter Warhol ist echt teuer. Außerdem lässt sich das zu einer Art zeitgenössischer Ikone riesig vergrößerte Dollarzeichen als Glaubensbekenntnis des Kapitalismus lesen, frei nach dem Motto: Geld regiert die Welt. Das Motiv steht auch für den *american dream*, für die Möglichkeit, es von ganz unten nach ganz oben schaffen zu können. Vielleicht liegt gerade in dieser – von Warhol bewusst offengelassenen – Unentschiedenheit der Reiz der Arbeit, die auch kommerziell gesehen für den Künstler zu einem großen Erfolg geworden ist.

Kunst – grundlegendes Anforderungsniveau
Klausur 9 (90 Minuten)

Ingenieursbau und organisches Bauen/Entwurf einer Gebäudeerweiterung
Gleichwertiger Anteil von Theorie und Praxis
(Architekturgeschichte/Entwurfszeichnung mit Bleistift und Buntstiften)

Gustave Eiffel (1832–1923) und Mitarbeiter	*Eiffelturm,* Gesamthöhe 324,82 m, Gesamtmasse 10 100 t, Inbetriebnahme März 1889, Paris
Frank Lloyd Wright (1867–1959)	*Fallingwater* (Haus Kaufmann), erbaut 1935–1939, USA

Aufgabenstellung

Punkte

Theorieteil (40 Minuten)

1. Erklären Sie möglichst umfassend die Konzeption des Eiffelturms. Gehen Sie dabei insbesondere auf die Faktoren Form, Material und Konstruktion sowie Repräsentation und Funktion ein.
   Ordnen Sie das Bauwerk architekturgeschichtlich ein und benennen Sie einige wesentliche Punkte der Konzeption, die später für die Architektur der Moderne bedeutsam wurden. 15

2. Der Begriff des organischen Bauens wird in der Architekturtheorie unterschiedlich verwendet. Erklären Sie die Bedeutung bei **Frank Lloyd Wright** und zeigen Sie konkret am Beispiel seines Hauses „**Fallingwater**" (Haus Kaufmann) auf, wie er dieses verwirklicht. 15

Praxisteil (50 Minuten) 30

Entwurf einer Gebäudeerweiterung

Ihnen liegt die Abbildung der Fassade eines Gebäudes vor, das Sie zu einer oder beiden Seiten hin mit einem Anbau erweitern sollen. Der Auftraggeber wünscht einerseits eine neuartig wirkende, extravagante Architektur, andererseits sollen formale Eigenschaften des vorhandenen Altbaus aufgenommen werden, sodass der Gesamtkomplex wie eine Einheit wirkt.

Die Ergänzung soll einen einstöckigen Restaurantbereich mit Dachterrasse und einen mindestens zweistöckigen Verwaltungsbau umfassen. Dieser soll über einen eigenen Eingang mit stark repräsentativer Wirkung verfügen.

Zeichnen Sie zunächst in einer leicht vergrößernden Ansicht (Höhe mindestens 15 cm) den bestehenden Bau in seinen wesentlichen Zügen möglichst genau ab. Beobachten Sie dabei präzise die Formensprache und Proportionen. Vervollständigen Sie im zweiten Schritt die Zeichnung skizzenhaft mit Ihrem Entwurf des Anbaus.

Achten Sie auf die Wahl angemessener zeichnerischer Mittel und eine sorgfältige Ausführung.
Für eventuelle Skizzen können Sie das Kopierpapier verwenden. Dieses Blatt wird nicht bewertet und muss nicht abgegeben werden.

Materialien: Bleistifte und Buntstifte, Papier, Abbildungen

Foto: Sebastian Schnackenburg

Eiffelturm, Gesamthöhe 324,82 m, Gesamtmasse 10 100 t, Inbetriebnahme März 1889, Paris, Foto: Julie Anne Workman, Wikimedia Commons, cc-by-sa 3.0 unported

Frank Lloyd Wright, „Fallingwater" (Haus Kaufmann), erbaut 1936 –1939, USA, Foto: © Harold Corsini, courtesy of the Western Pennsylvania Conservancy, © VG Bild-Kunst, Bonn 2016

Lösungsvorschläge

Theorieteil

1. *Hinweis: Gliedern Sie Ihre Ausführungen klar und nachvollziehbar. Beachten Sie dabei die Formulierung der Fragestellung genau, sie gibt Ihnen hierbei Orientierungshilfe. Beschränken Sie sich auf die besonders relevanten Aspekte. Gerade die Formulierung der letzten Teilfrage betont die Notwendigkeit, sich auf das Wesentliche zu beschränken.*

Das drückende Eigengewicht und der Wind, der Gebäude von der Größe des **Eiffelturms** bedrohlich zum Schwanken, wenn nicht zum Einsturz bringen kann, waren die maßgeblichen Faktoren, die man bei der Konzeption des damals höchsten Gebäudes der Welt berücksichtigen musste. Die grundsätzliche Form des Baukörpers wurde bei dem geplanten Höhen-Weltrekord von mehreren Ingenieuren von den wirksamen Kräfteverhältnissen abgeleitet. Das Bauwerk steht wie eine extrem nach oben gezogene Pyramide mit seinen vier Stützen breitbeinig auf einem quadratischen Fundament. Die Seitenkanten sind vor allem im unteren Bereich auffällig nach innen gebogen. Oberhalb des ersten Drittels der Höhe werden die vier Stützen zu einem gemeinsamen Pfeiler zusammengeführt, der elegant nach oben sich weiter verjüngend in den Himmel zu wachsen scheint, wo er in einer Spitze endet. Die Form erinnert an einen Stachel. Durch den unteren Teil, an dem die Seitenstützen noch verhältnismäßig weit voneinander entfernt sind, kann man wie durch einen Eingang oder einen Triumphbogen hindurchgehen. Den Eindruck eines Tores verstärkt ein zierender, in etwa halbkreisförmiger Bogen, der – auf jeder der vier Seiten hinzugefügt – immer zwei Stützen miteinander verbindet.
Bei der Wahl des Materials und der Konstruktionsmethode stand die notwendige Stabilität natürlich im Vordergrund. Entsprechend wählte man Eisenteile, die in Skelettbauweise den Turm bildeten, eine Konstruktionsmethode, die vorher vor allem bei Brücken erfolgreich angewendet worden war. Hier hatte sich bereits die viel höhere Stabilität als bei herkömmlichen Methoden und Materialien gezeigt. Verwendet wurden normierte, standardisierte Teile, die in industrieller Massenherstellung und damit billig vorgefertigt werden konnten. Diese machten einen elementierten Montagebau vor Ort möglich, der sehr schnell und auch von nicht ausgebildeten und schlecht bezahlten Hilfsarbeitern ausgeführt werden konnte. Dieses Vorgehen beschleunigte und verbilligte den Bauprozess enorm. Die zusammengenieteten Bauteile hätten sich sogar schnell wieder abbauen lassen. Ein Wiederaufbau zu späterer Zeit, an einem anderen Ort oder die Wiederverwendung der Teile für ein anderes Projekt wären möglich gewesen.

Türme dienten seit jeher neben unterschiedlichen anderen Zwecken immer der Repräsentation. Mit der Höhe demonstrierte man seine Macht. Mit dem Höhenrekord zeigte sich Frankreich bei der Weltausstellung 1889 als fortschrittliche (Technik-)Nation mit einzigartigen Ingenieuren. Das Bauwerk fungierte als Ein-

gangstor zum Ausstellungsgelände und war der fulminante Auftakt des Events – ein Beitrag des Gastgebers, der alles andere in den Schatten stellen sollte, an dem man in doppelter Hinsicht nicht vorbeikam. Der Turm erfüllte darüber hinaus sowohl zivile wie auch militärische Funktionen. Er beherbergte einerseits verschiedene Restaurants und Verkaufsstände, andererseits aber auch wissenschaftliche Labore, die die enorme Höhe für ihre Versuche nutzten, sowie Sendestationen für Funk und Fernsehen sowie den Militärfunk.
Architekturgeschichtlich gehört das Bauwerk zum sogenannten Ingenieursbau des 19. Jahrhunderts. Die Arbeitsweise und Haltung der Ingenieursarchitekten waren aus späterer Sicht prägend für die Konzeptionen und Prinzipien innerhalb der Moderne. Statt historisierender, traditioneller Stilformen setzte man hier wie später in der Moderne fast ausschließlich auf Formen, die man neu entwickelte, wobei man funktionale Aspekte – in diesem Fall die wirkenden Kräfteverhältnisse – zugrunde legte. Man hatte Mut zu Neuem, wagte einen Aufbruch und wendete sich dem Funktionalen in solcher Konsequenz zu, dass man auch weitgehend auf Dekor verzichtete. Dadurch spielte man ebenfalls eine Vorbildrolle für die nachfolgende Generation. Auch die Konstruktionsmethode und Verwendung neuer Materialien, der Stahlskelettbau, wurde später zum grundlegenden Prinzip. Dass man die neuen Materialien, obwohl sie ungewohnt waren, offen zeigte, wurde in der Moderne stilprägend.

2. *Hinweis: Achten Sie insbesondere bei der Definition des „organischen Bauens" auf einen differenzierten Umgang mit der Fachsprache. Beschreiben Sie das Gebäude in den für die Fragestellung wesentlichen Aspekten. Gehen Sie dabei in geordneter Weise auf Form, Farbe und Material ein. Gliedern Sie Ihre Ausführungen in sinnvoller Weise, beispielsweise, indem Sie zunächst das Äußere des Baus, seine Beziehung zur Umgebung und danach das Innere, dessen Zusammenhang mit dem Äußeren sowie der Umgebung darstellen.*

Frank Lloyd Wright versteht unter organischem Bauen, eine Harmonie von Natur und Architektur zu schaffen. Sein Ziel war es, Gebäude so an die sie umgebende Landschaft anzupassen, dass beide geradezu verschmelzen. Dazu gehörte, die regionalen und klimatischen Gegebenheiten zu berücksichtigen sowie natürliche Baustoffe und tradierte Bauformen zu verwenden.
Bei dem Haus „**Fallingwater**" erreichte er diese Harmonie unter anderem durch eine Ähnlichkeit der Formensprache von Haus und Landschaft. Der Baukörper besteht aus rechtwinkligen, horizontal liegenden, parallel geschichteten Betonplatten unterschiedlicher Größe, die in vertikale, gemauerte Platten gesteckt scheinen. Die geometrische Form des Quaders und der rechte Winkel standen dabei im Vordergrund des asymmetrischen und komplexen Gebäudes. Abgeleitet hatte er seinen Entwurf in einem Vorgang des geometrisierenden Abstrahierens von der Form und Schichtung der Felsplatten, die die Umgebung dominieren und auch das Erscheinungsbild des Wasserfalls bestimmen, der direkt am Ort liegt. In seinem Entwurf nahm er dadurch den Rhythmus der Landschaft auf, wie er betonte.

Für Wright bedeutete organisches Bauen also nicht zwangsläufig die Verwendung organischer, sondern zum Bauplatz passender Formen. In diesem Fall baute er daher „organisch" in geometrischer Formensprache.
Die Harmonisierung gelang auch durch eine Anpassung der Größen, indem er für die Betonplatten den Felsen vergleichbare Ausmaße wählte. Damit das Bauwerk nicht trotzdem als Fremdkörper oder ungewohnte Irritation von den Menschen empfunden wird, berücksichtigte er außerdem tradierte Bauformen der jeweiligen Region. In diesem Fall verwendete er den dort typischen, massiven Mauerverbund aus Natursteinen.
Auch bei der Farbgebung passte er seinen Entwurf an die Natur an, indem er die Betonplatten sandsteinfarben-ocker gefärbt hatte. Außerdem verwendete er natürliche Baustoffe, bevorzugte sogar Materialien aus der unmittelbaren Gegend. Die Mauern bestehen aus Naturstein und wirken, als wären sie direkt aus den Steinen vor Ort gebaut. Zusammen mit der rotbraunen Lackierung beispielsweise der Fensterstreben entsteht ein stimmiger Farbklang, der auch gut zum Grau der Felsen und dem Grün der Büsche und Bäume und dem dunklen Ton ihrer Stämme passt.
Im Inneren findet sich ein Boden aus glänzend polierten, ungleichen Bruchsteinfliesen, die einen Findling, der direkt vor dem Kamin aus dem Boden ragt, umspielen. Der Findling war schon vor dem Gebäude genau an diesem Ort, er wurde nicht abgetragen, sondern in das Haus integriert. Beides erweckt den Eindruck, eigentlich im Freien auf den nassen Steinen am Wasserfall zu stehen.
Die Verbindung des Inneren mit dem Äußeren erreichte Wright auch durch die großen Glasflächen – als Fensterbänder bzw. komplette Glaswände – und durch die verglasten Ecken, die den Baukörper auf extreme Weise öffnen. Die Trennung zwischen Innen- und Außenraum verschwindet außerdem durch die terrassenartigen, weit hinausragenden Balkone, von denen einige gleichzeitig als Dach des darunterliegenden Balkons fungieren. Gerade an diesen geschützt überdachten Orten ist die Grenze zwischen Innen und Außen des gebauten Raums fließend. Der Hauptwohnraum ragt so weit über den Wasserfall hinaus, dass er darüber zu schweben scheint – wie das fallende Wasser ein schwindelerregendes Erlebnis für die Bewohner. Freiheit wie in der Natur spiegelt auch die Konzeption im Inneren wider: ein großräumiger Wohnraum, ein teils offener Grundriss und fließende Innenräume.

Kunst – grundlegendes Anforderungsniveau
Klausur 10 (90 Minuten)

Selbstdarstellung und Verwandlung – Rembrandt und Sherman
Aufgabe mit theoretischem Schwerpunkt

Rembrandt van Rijn (1606–1669)	*Selbstbildnis*, 1658, Öl auf Leinwand, 131 × 102 cm, Frick Collection, New York
Cindy Sherman (*1954)	*Untitled # 201,* 1989, History Portrait Series, Farbfotografie, 151 × 108 cm

Aufgabenstellung Punkte

1. Beschreiben Sie die beiden Porträts und berücksichtigen Sie auch Titel, Größe und Technik sowie Komposition und Farbwirkungen. 20
2. Untersuchen Sie die beiden Werke hinsichtlich der Thematik *Selbstdarstellung und Verwandlung* unter Einbeziehung biografischer Daten und des jeweiligen Gesamtwerkes. 40

Abb. 1: Rembrandt van Rijn, „Selbstbildnis", 1658, Öl auf Leinwand, 131 × 102 cm, Frick Collection, New York

Abb. 2: Cindy Sherman, „Untitled # 201“, 1989, Farbfotografie, History Portrait Series, 52 7/8 × 35 7/8 inches, 134,3 × 91,1 cm, Edition of 6, Courtesy of the artist and Metro Pictures, New York

Lösungsvorschläge

1. *Hinweis: Bei der Beschreibung geht es um eine anschauliche Darstellung dessen, was für das Auge sichtbar ist, als würden Sie in einem Museum vor den Werken stehen. Ein Hintergrundwissen über die Künstler ist hier noch nicht gefragt.*

Rembrandts Porträt von 1658 (vgl. Abb. 1) ist laut Titel ein Selbstbildnis und zeigt den Künstler in höherem Alter, von vorne, sitzend, bis zu den Oberschenkeln zu sehen und mit den Armen auf Stuhllehnen aufliegend. Bei einer Höhe des Gemäldes von 131 cm ist es ein Selbstporträt in Lebensgröße: Rembrandt blickt den Betrachter direkt auf Augenhöhe an – und das mit scharfem Blick, obwohl die Augenpartie durch einen Hut im Schatten liegt.
Rembrandt ist festlich gekleidet. Über einem weißen Untergewand trägt er ein goldgelbes Oberkleid mit besticktem Kragen und eine locker um die Hüfte gebundene Schärpe in kräftigem Rot. Über seinen Schultern liegt ein dunkler Umhang, dessen Textur und Umriss fließend in den einfarbigen, tiefbraunen Hintergrund übergehen, ebenso wie der schwarze Hut, ein Barett, dessen Umrisse der Betrachter mehr erahnen als wirklich erkennen kann. Der dunkle Hintergrund gibt keinerlei Aufschluss über den Raum, in dem Rembrandt sitzt, unterstützt aber in seinem dunklen Ton die Wirkung seiner Person. Im Gegensatz zu dem konzentrierten Blick und dem fest geschlossenen Mund sind Rembrandts Hände locker entspannt, drei Finger seiner linken Hand halten einen golden schimmernden Stab. An dem Schatten, den dieser Stab auf die Hand wirft, lässt sich erkennen, dass das Licht von links einfällt, ein weiches goldenes Licht, das die Kleidung noch festlicher erscheinen lässt. Es bestimmt die Gesamtatmosphäre des Gemäldes, das ganz in Gelb-, Rot- und Brauntönen in allen Helligkeitsabstufungen gehalten ist.
Der Kopf bildet mit den Händen ein kompositorisches Dreieck. Der Betrachterblick wird immer wieder an die Spitze dieses Dreiecks, zum Kopf gelenkt, da hier unter den vielen feinen Hell-Dunkel-Abstufungen der stärkste Hell-Dunkel-Kontrast liegt – die dunkelste Stelle der Hut, die hellste die Nase. Ein weiterer Kontrast, der Qualitätskontrast, geht in vielen feinen weichen Abstufungen von einem stumpfen, gebrochenen Ockergelb in den Schattenbereichen bis zum einem klaren, leuchtenden, warmen Gelb im Brustbereich. So entsteht die Gesamtwirkung von einer äußerlich festlich gekleideten und von innen heraus strahlenden Persönlichkeit.

Das Foto von **Cindy Sherman** (vgl. Abb. 2) zeigt das Porträt eines jungen Mannes, ebenfalls von vorne, auf einem Stuhl sitzend, im Gegensatz zu Rembrandt in Hosen, mit gespreizten Beinen, bis knapp unter den Knien zu sehen. Auch wenn dieses Werk mit 151 cm etwas höher ist, ist es ebenfalls ein Porträt in Lebensgröße, da hier mehr vom Körper zu sehen ist. So blickt auch dieser Porträtierte den Betrachter direkt an, mit einem leichten Silberblick und einem etwas arroganten Gesichtsausdruck. Wer er ist? Darüber gibt der Titel „**Untitled # 201**" keinen Aufschluss.

Der junge Mann hat wie Rembrandt ebenfalls beide Arme aufgelegt, den rechten auf einem Tisch neben einem Kerzenleuchter, den linken auf einer Stuhllehne. Seine linke Hand liegt auf dem Oberschenkel und umfasst eine Brille, die rechte, auf einem Stapel Papier, hält einen Stift. Diese Details und die leichte Drehung des Körpers vermitteln dem Betrachter den Eindruck, als hätte der junge Mann kurz zuvor noch etwas geschrieben und nur für einen kurzen Moment innegehalten, um sich dem Betrachter zuzuwenden. Die Kleidung des jungen Mannes weist auf die Mode Anfang des 19. Jahrhunderts hin: Er trägt ein weißes Hemd mit einem eng um den Hals gebundenen Spitzenschal, eine schwarze Jacke mit hellem Revers, einen breiten schwarzen Gürtel zu einer auberginefarbenen Hose mit feinen, senkrechten roten Streifen.
Im Gegensatz zu Rembrandts Selbstporträt ist hier durchaus etwas von dem Umfeld des Porträtierten zu sehen: Über dem Stuhl liegt ein schwarz-weiß gemusterter Stoff, und schwere Brokatvorhänge sind direkt hinter dem Rücken des Porträtierten drapiert, links ein dunkelroter, rechts ein leuchtend blauer. Auch Shermans Porträt wäre wie das von Rembrandt durchgehend in warmen Gelb-, Rot- und Brauntönen gehalten, wäre da nicht dieses leuchtende Blau in der rechten oberen Bildecke. Die rötlichblonden, schulterlangen Locken bilden so nicht nur einen Kontrast zu den dunklen markanten Augenbrauen, sondern auch einen Komplementärkontrast zu dem Blau des Vorhangs. Durch diesen Kontrast wird auch hier der Betrachterblick immer wieder auf den Kopf gelenkt. Das harte Licht kommt von rechts und bildet scharfe Schatten. Wäre das Werk ein Ölgemälde wie bei Rembrandt, würde der Betrachter zu der Überzeugung kommen, hier wurde ein selbstbewusster Schriftsteller des 19. Jahrhunderts porträtiert. Da es aber eine Farbfotografie von 1989 ist, entsteht der Eindruck, als wäre ein Schauspieler in einer historischen Rolle auf einer Theaterbühne fotografiert worden.

2. *Hinweis: Der folgende Interpretationsvorschlag ist nicht der einzig gültige. Kommen Sie auf andere Ideen und Zusammenhänge, beachten Sie dabei, unter welchen Umständen die Werke entstanden sind, und begründen Sie Ihre Ausführungen.*

Rembrandt widmete sich in seiner Malerei allen Gattungen. So malte er Landschaften, Stillleben, historische und religiöse Motive sowie Einzel- und Gruppenporträts. Mit Ausnahme von einzelnen großen Ölgemälden wie z. B. „Die Nachtwache“ von 1642 wurde Rembrandt dennoch berühmter durch seine fast hundert Selbstporträts, etwa die Hälfte davon in Öl gemalt. Das erste aus dieser Vielzahl stammt von 1626, da war Rembrandt gerade 20 Jahre alt, das letzte malte er 1665, also vier Jahre vor seinem Tod.
Das Selbstporträt von 1658 weist einige Besonderheiten auf, kennt man die biografischen Hintergründe. Dies beginnt schon mit der Größe des Gemäldes. Unter seinen Selbstbildnissen in Öl gibt es nur ein einziges, das in etwa ebenso groß ist, sechs Jahre zuvor gemalt. Doch die Art der Selbstdarstellung entspricht auf dem früheren Gemälde („Großes Selbstbildnis“) ganz Rembrandts eigener Tradition.

Er malt seinen Kopf von vorne, häufig im Halbprofil, oder den Kopf mit der Schulterpartie vor dunklem Hintergrund. Meist trägt er sein Barett auf dem Kopf und ein dunkles, unauffälliges Gewand, seinen braunen Arbeitsumhang. So konzentriert sich der Betrachter ganz auf das Gesicht und studiert die kleinsten Details. Rembrandt schont sich und den Betrachter nicht, jede Falte, jede Spur, die das Leben in sein Gesicht eingeprägt hat, ist zu sehen.
Auch beim Selbstporträt von 1658 ist der Hintergrund dunkel, und konzentriert sich der Betrachter ausschließlich auf das Gesicht des Künstlers, so sieht er, dass Rembrandt auch in diesem Selbstbildnis sein Alter nicht leugnet. Der Gesamteindruck ist trotzdem ein ganz anderer: Hier zeigt sich ein imposanter, selbstbewusster, in golden schimmernde Gewänder gekleideter Rembrandt in Lebensgröße, fast als Ganzkörperporträt. Was hatte sich 1658 im Leben Rembrandts ereignet, dass er so eine prachtvolle Selbstdarstellung präsentierte? Hatte er einen Großauftrag bekommen? Hatte er geerbt, war er reich geworden? War er besonders geehrt worden?
Nichts von alledem, ganz im Gegenteil, wie seine Biografie zeigt. 1658 war ein absoluter Tiefpunkt in Rembrandts Leben, der schon fünf Jahre zuvor begann. Der Künstler hatte fast seine ganze Familie verloren, seine Eltern waren verstorben, auch seine Ehefrau Saskia und drei seiner vier Kinder. Rembrandt war hoch verschuldet, sodass sein Haus und seine Sammlungen versteigert werden mussten. Doch selbst das reichte nicht aus, um alle Schulden zu tilgen, und so verlor Rembrandt 1658 auch noch die Vormundschaft für sein einziges überlebendes Kind, seinen Sohn Titus.
Vor diesem Hintergrund bekommt das große prachtvolle Selbstporträt eine besondere Bedeutung. Rembrandt schafft ein Gegenbild zu seiner realen Situation. Er porträtiert sich nicht während seiner Arbeit, sondern gelassen im Sitzen als prominenter, erfolgreicher Künstler. Prunkvoll ist sein Gewand, golden schimmernd. Seine selbstbewusste Haltung vermittelt den Eindruck von einer mächtigen, einflussreichen und berühmten Persönlichkeit. Der Stab, den er in seiner Linken hält, könnte schlicht sein Malerstock sein, da er aber ebenso golden schimmert wie das Gewand, wirkt er fast wie ein Zepter. Oberflächlich betrachtet könnte man meinen, Rembrandt begehe hier eine Art Täuschungsmanöver, zumindest eine Selbsttäuschung. Er verkleidet sich mit prunkvollen Gewändern, um so die harte Realität zu leugnen. In heutiger Zeit hätte ein Marketingfachmann eine solche Inszenierung als PR-Gag empfohlen, aber Rembrandt ging es um etwas anderes. Zurückgeworfen auf sich selbst und auf sein künstlerisches Schaffen, das sein Leben erfüllt und getragen hat, bringt er in das Selbstbildnis seinen ganzen Reichtum ein. Er mag äußerlich verarmt sein, aber sein Können ist ungebrochen. Es ist das künstlerische Gestalten selbst, das für Künstler wie Rembrandt den Reichtum ausmacht, nicht das, was andere bereit sind, für ihre Werke zu bezahlen. So zeigt Rembrandt in seinem Selbstporträt von 1658 seinen wahren Reichtum, seine künstlerischen Fähigkeiten, die ihm niemand nehmen kann. Er ist der Maler, der gelbe Farbe in Gold verwandeln kann.

Ganz anders verhält es sich mit Cindy Shermans Farbfotografie „**Untitled # 201**" von 1989. Auf den ersten Blick sieht hier der Betrachter ebenfalls das Porträt eines Mannes. Doch wer die amerikanische Künstlerin Cindy Sherman kennt, weiß, sie ist es selbst. Sie hat sich hier als Mann verkleidet. Die Art der Kleidung weist darauf hin, dass dieses Werk aus dem Zyklus „**History Portraits**" stammt, einer Fotoserie, in der Sherman gemalte Porträts aus der Kunstgeschichte nachstellt. Manchmal sind die Vorbilder genau zu identifizieren, manchmal lassen sie sich nicht finden. Und dennoch vermitteln Shermans Fotografien den Eindruck, dass einem das Vorbild bekannt sein müsste. So verhält es sich auch mit „Untitled # 201". Meistens setzt sich Sherman gestalterisch mit Frauenporträts auseinander. Doch es gibt auch einige wenige Männerporträts. Das bekannteste unter ihnen ist ihr Werk zum „Kranken Bacchus" von Caravaggio. Um wen geht es nun bei dem Porträtierten, der mit der Seriennummer 201 namenlos bleibt? Und um was geht es hier, „nur" um die Verwandlung einer Frau in einen Mann?
Zunächst einmal ist die Künstlerin Regisseurin eines Ensembles. Sie wählt Stuhl, Tisch, Stoffe nicht nur als Bildmotive, sondern als reale Objekte, die räumlich aufgestellt werden. Dann nimmt sie die Rolle des Modells ein, bleibt aber weiterhin gleichzeitig Regisseurin, denn sie ist es, die die Kostüme auswählt, vom einzelnen Kleidungsstück bis zur Lockenperücke und den aufgeklebten Augenbrauen. Cindy Sherman selbst verschwindet hinter der Maskierung. Und zuletzt ist sie auch die Fotografin des Modells und des Gesamtarrangements, bestimmt in dieser Funktion Richtung und Art der Beleuchtung sowie Blickwinkel und Ausschnitt. Jede Fotografie verführt den Betrachter erst einmal zu der Annahme, er sehe eine direkte Abbildung von Realität. De facto ist dies auch so, denn Sherman sitzt real vor der Fotokamera und bearbeitet ihre Fotografien auch nicht am Computer. Und dennoch entsteht ein Eindruck von Künstlichkeit, denn die Fotografie ist so groß (108 × 151 cm), dass der Betrachter die Verkleidung, die Perücke, die künstlichen Augenbrauen als solche erkennen kann. Diese Wahrnehmung vermischt sich dann ihrerseits mit dem Eindruck, ein Gemälde statt einer Fotografie vor sich zu haben, da einem das Gesamtbild aus historischen Vorbildern vertraut erscheint.
Es ist die Komplexität in Shermans Werken, dieses Wechselspiel zwischen den Wahrnehmungsebenen, die den Betrachter fasziniert. Wir vergleichen ständig, um Vertrautes wiederzuerkennen und unsere sichtbare Welt erfassen zu können. Weiß man, dass Cindy Shermans Porträts immer sie selbst in Verkleidung zeigen, fragt man sich unwillkürlich: Wie hat sie das gemacht? Was ist ihr eigener Körper, was ist Attrappe? Womit hat sie die Hose ausgestopft, damit sie so eindeutig Beine und Geschlechtsteil eines Mannes zeigt? Wie Cindy Sherman in Interviews selbst sagt, arbeitet sie immer nach einem ganz klaren Konzept und überlässt nichts dem Zufall. So hat sie bewusst eine gestreifte Hose gewählt, sind es doch gerade die Streifen, die die männlichen Körperkonturen so deutlich sichtbar werden lassen. Betrachtet man Cindy Shermans bisheriges Gesamtwerk, so ist die Künstlerin deutlich stärker an Rollen und Themen von Frauen interessiert. Der leicht arrogante Gesichtsausdruck der Person in „Untitled # 201" lässt den Betrachter vermuten, dass es Sherman bei diesem Werk durchaus Spaß gemacht

haben könnte, einmal eine männliche Rolle einzunehmen, insbesondere die eines arroganten Schnösels, der den Betrachter etwas von oben herab ansieht. Mehr als diese leise Vermutung erfahren wir über Cindy Sherman selbst nicht durch dieses Porträt.

Ganz anders bei Rembrandt. In seinen Porträts wird der Betrachter berührt durch die Offenheit, mit der der Künstler über sein Äußeres auch sein Inneres preisgibt. Bei Shermans Werken ist der Betrachter nicht berührt, eher irritiert oder fasziniert durch die verschiedenen Wahrnehmungsebenen. Was ist echt? Was ist künstlich? Eine Flut von Medienbildern stürmt täglich auf uns heutige Betrachter ein, die meisten auch noch am Computer bearbeitet. Was zeigen sie? Was ist real? Was ist manipuliert? Was glauben wir zu sehen, zu wissen, zu verstehen? Cindy Sherman führt uns durch ihre ganz eigene Art von fotografierten Porträts genau zu dieser Thematik. Die Wahrnehmung selbst ist ihr eigentliches Thema. Und die Leidenschaft, mit der sie sich als Künstlerin für dieses Thema begeistert, ist das einzige, was sie von sich selbst preisgibt.

Kunst – erhöhtes Anforderungsniveau
Klausur 11 (240 Minuten)

Wirklichkeit und Menschenbild in der Kunst – Kienholz und Michelangelo
Aufgabe mit theoretischem Schwerpunkt
(Werkerschließung mit Kompositionsskizzen)

Edward Kienholz (1927–1994)	*The State Hospital*, 1966, Außenaufnahme und Innenraum, Figuren aus gegossenem Gips und Fiberglas, Krankenhausbetten, Bettschüssel, beleuchtete Goldfischgläser mit je zwei lebenden schwarzen Goldfischen, Neonröhre mit rosa Licht, Stahl, Holz, Farbe, Geruch von Desinfektionsmitteln; 240 × 360 × 300 cm. Moderna Museet, Stockholm
Michelangelo (1475–1564)	Zwei Ansichten von *Gefangener* bzw. *Atlassklave* (unvollendet), 1519, Marmor, Höhe 277 cm. Accademia, Florenz

Aufgabenstellung Punkte

1. Formulieren Sie nacheinander Ihren spontanen subjektiven Eindruck der beiden Darstellungen des nackten männlichen Körpers. Achten Sie bei der anschließenden Beschreibung des Environments von Kienholz und der Skulptur von Michelangelo auch auf die Materialangaben und Anmerkungen. Versuchen Sie einen ersten vorläufigen Vergleich. 20

2. Analysieren Sie nacheinander die formale Gestaltung. Gehen Sie dabei besonders auf die unterschiedliche Technik ein. Fertigen Sie Skizzen zur Verdeutlichung Ihrer Ausführungen an. 30

3. Stützen Sie sich bei der Interpretation und beim Vergleich auf Ihre Beobachtungen bei der Analyse und auf Ihr Wissen über die Zeit, in der Kienholz und Michelangelo gearbeitet haben. Vergleichen Sie, welches Bild vom Menschen und welches von der Rolle der Kunst hinter den beiden Darstellungen sichtbar wird. 40

Anmerkung zu Kienholz
Der Betrachter kann in das „State Hospital", einen kahlen Raum, der nur an der Rückwand möbliert ist, nur von außen durch das Gitterfenster über der Tür (siehe Abb. 1) hineinsehen. Schon bevor Kienholz das „State Hospital" ausführte, existierte davon ein von ihm so genanntes Konzept-Tableau, eine Metallplatte, in die er seine Vorstellung, wie der Gesamtraum aussehen sollte, in allen Details eingraviert hatte. In Fachbüchern aus den 1960er-Jahren wurden Räume, wie Kienholz sie entwarf und baute, als „Environment" bezeichnet.

Anmerkung zu Michelangelo

Die unvollendet gebliebene Skulptur des Atlassklaven gehörte zu einer Gruppe von 12 Sklaven, die ursprünglich für die Eckpunkte des von Papst Julius II. in Auftrag gegebenen Grabmals geplant waren. Sie wurde wahrscheinlich im Jahr 1519 begonnen. Aufgrund des langen Zeitraumes, in dem Michelangelo wegen vieler erzwungener Unterbrechungen an diesem Grabmal arbeitete, sind die Zeitangaben dazu sehr unterschiedlich.

Atlas ist in der griechischen Mythologie ein Riese, der Bruder des Prometheus, der im Westen der Welt das Himmelsgewölbe trägt

---

Abb. 1: Außenaufnahme von Edward Kienholz, „The State Hospital“, 1966, Figuren aus gegossenem Gips und Fiberglas, Krankenhausbetten, Bettschüssel, Goldfischgläser, lebendige Goldfische, Neonröhre, Stahl, Holz, Farbe; 240 × 360 × 300 cm. Foto: Moderna Museet Stockholm, Courtesy of L. A. Louver, Venice, CA

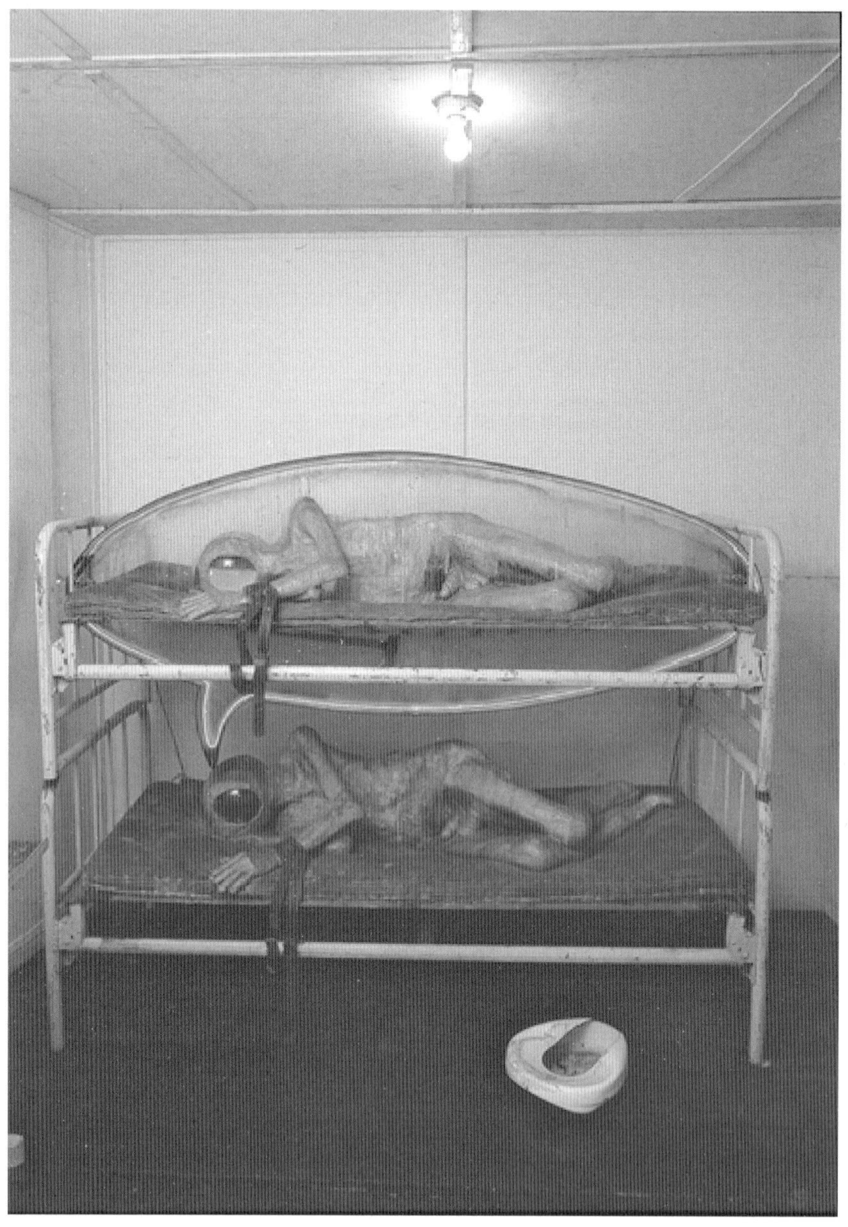

Abb. 2: Innenraum von Edward Kienholz, „The State Hospital“, 1966, Figuren aus gegossenem Gips und Fiberglas, Krankenhausbetten, Bettschüssel, Goldfischgläser, lebendige Goldfische, Neonröhre, Stahl, Holz, Farbe; 240 × 360 × 300 cm. Foto: Moderna Museet Stockholm, Courtesy of L. A. Louver, Venice, CA

Abb. 3: Michelangelo, „Atlassklave", 1519, Marmor, Höhe 277 cm. Accademia, Florenz.
© akg-images / Andrea Jemolo

Abb. 4: Michelangelo, „Atlassklave", 1519, Marmor, Höhe 277 cm. Accademia, Florenz.
© akg-images / Rabatti-Domingie

Lösungsvorschläge

1. *Hinweis: Hier sollen Sie spontane Einfälle zum Gesamteindruck beider Werke notieren und mit der Beschreibung des sichtbaren Bestandes verknüpfen. Verbinden Sie Ihre Ausführungen auch mit einem ersten vorläufigen Vergleich.*

Im Museum wird der Betrachter des „**State Hospital**" von **Edward Kienholz**, das 1966 fertiggestellt wurde, zunächst mit einem abweisenden, riesigen weißen Kasten konfrontiert, der einer Container-Box ähnelt (siehe Abb. 1). Über einer verschlossenen Tür ist ein vergittertes Fenster zu sehen. In der Annahme, dass dieser Kasten etwas in sich birgt, wird sich vermutlich jeder Interessierte bemühen, dort hineinzuschauen. Es zeigt sich dann ein überaus abstoßend wirkender, fast quadratischer, kahler, steriler, geschlossener Innenraum, an dessen Stirnseite zwei übereinandergesetzte weiße Krankenhausbetten aus Stahlrohr stehen und darunter eine weiße Bettschüssel (siehe Abb. 2). Auf den Betten liegen zwei fast identisch aussehende, lebensgroße nackte alte Männer, die an den linken Händen mit einem Lederriemen ans Bett gefesselt sind. Ohne Bettlaken, Kopfkissen oder Decken liegen sie direkt auf einer blaugestreiften Matratze.
Erst auf den zweiten Blick bemerkt man, dass vom Kopf des Mannes auf dem unteren Bett eine seltsam unrealistische Form in einer Spitze ausgeht, die als parallel zum Betrachter aufgerichtete, transparente, mit einer rotfarbigen Leuchtstoffröhre umrandete Fläche den Mann im oberen Bett umschließt. Das irreale Licht der Neonröhre, kombiniert mit dem Licht aus der nackten Glühbirne an der Decke, gibt dem Raum den unangenehmen Charakter von etwas Zwielichtigem. Die elliptische Form erinnert an eine Denkblase aus Comiczeichnungen. Als nächstes fällt die ungewöhnliche Kopfform der Männer mit dem noch ungewöhnlicheren Gesichtsbereich auf. Wie aus den Materialangaben zu entnehmen ist, handelt es sich bei beiden Köpfen um ein transparentes Fischglas, in das von Kienholz lebendige schwarze Fische eingesetzt wurden. Weiterhin geht aus den Materialangaben hervor, dass Kienholz offensichtlich einen klinischen Geruch von Desinfektionsmitteln als dem Ganzen zugehörig konserviert hat. Auffällig zeigen sich auch ein unnatürlicher, speckiger Glanz und seltsame Spuren auf den vollkommen abgemagerten Körpern, aus denen die Gelenke hervortreten.
Der gesamte Raum wirkt durch seinen extremen Realismus (in den Gegenständen sowie in den Proportionen der menschlichen Körper), der im Gegensatz steht zu den überraschenden Elementen wie Fischglas und „Denkblase", überaus unangenehm. Der Betrachter fühlt sich sehr plötzlich und sehr direkt mit Hilflosigkeit, Ausgeliefertsein und Elend konfrontiert, das er sofort mit Unrecht assoziiert.

Auch die Männerfigur, die **Michelangelo** im Jahr 1519 in überlebensgroßem Maßstab (Höhe 277 cm) in Marmor gehauen hat und die unvollendet geblieben ist, zeigt einen gefangenen, nackten Menschen (siehe Abb. 3 und 4). Dieser Mann jedoch wirkt kraftvoll, es sieht so aus, als wolle er den Steinblock sprengen, in dem er festgehalten wird. Die Figur des Atlassklaven präsentiert sich dem Betrachter als Torso, von dem nur ein muskulöser, etwas gedrungen wirkender Kör-

per, zwei Beine mit nur angedeuteten Füßen und ein kräftiger Oberarm mit angedeutetem Unterarm aus dem Marmorblock herausgearbeitet wurden. Oberhalb, unterhalb und hinter dem Körper sowie zwischen den Beinen wurde der unbehauene Stein stehen gelassen. Das rechte Bein ist angewinkelt; Michelangelo hatte dafür eine erhöhte Position mit einer Stütze vorgesehen.
Im Gegensatz zu **Kienholz** wählte **Michelangelo** einen jüngeren Mann, dessen kräftige Muskeln an Brust und Gliedmaßen klar und detailliert herausmodelliert hervortreten. Sie stehen in starkem Kontrast zu den unbearbeiteten Stellen, die in der Oberfläche rau und unregelmäßig aussehen.
Man kann sich vorstellen, wie Michelangelo den gebeugten Kopf in dem äußerst knapp bemessenen Material positionieren wollte, denn es ist neben dem Handgelenk der linken Hand die leichte Andeutung eines dem Betrachter zugewandten Gesichts zu sehen.
Die Figur ist in einer heftigen Bewegung verfangen, da die Brust-, Oberarm- und Oberschenkelmuskulatur stark angespannt wirken.
Der Gefangene wirkt auf den heutigen Betrachter schon auf den ersten Eindruck nicht unfertig, obwohl Michelangelo ihn vielleicht ursprünglich anders geplant hatte. Dadurch, dass der schwere Steinklotz noch auf den Schultern lastet, sieht es so aus, als versuche sich ein Mensch gegen einen starken Widerstand zu befreien, was ihn unmenschliche Kraft zu kosten scheint.
Im Gegensatz zu den absolut passiven, zur Untätigkeit verurteilten, angeschnallten alten Männern von Kienholz wirkt Michelangelos „Gefangener“ aktiv, als ob er sich auflehnt und seine Fesseln zu sprengen versucht.

2. *Hinweis: Gehen Sie hier nacheinander auf die formale Gestaltung des Environments von Edward Kienholz und der Skulptur von Michelangelo ein und nutzen Sie Skizzen zur Verdeutlichung.*
Erläutern Sie genauer, welche Auswirkungen die Arbeitsprozesse beider Künstler auf die Gesamtwirkung haben.

Der Außen- sowie der Innenraum des **„State Hospital“** von **Kienholz** erweisen sich als klar und rational geplant, da hier bewusst mit Gegensätzen gespielt wurde. Der nüchternen Form der Außenbox und deren steriler weißer Farbe, die der Besucher zunächst wahrnimmt, ehe er durch das Gitterfenster sieht, steht der in einen unerwarteten Rosa-Braun-Ton getauchte Innenraum entgegen, in dem die Leere, das Kahle mit der Ballung von Formen an der Rückwand kontrastiert. Hier wiederum werden die technisch wirkenden, sterilen weißen Stahlrohrgestelle den organischen Körpern gegenübergestellt. Auch bei ihnen besteht ein starker Gegensatz zwischen der Passivität der angeketteten Männer und ihrem toten Material und der Aktivität der lebendigen Fische, die in Gläsern anstelle der Köpfe herumschwimmen. Tierisches kontrastiert, durch die Beleuchtung der Fischgläser betont, auf diese ungewöhnliche Weise mit Menschlichem.
Formwiederholungen wie hier die übereinandergesetzten Betten und die daran gefesselten, identisch aussehenden alten Körper wirken normalerweise beruhi-

gend. Zudem bilden die Betten an der Raumrückwand eine zwar komplexe, aber klar geordnete Gesamtform, in deren Symmetrie sich die „Denkblase“ einfügt (siehe Skizze 1). Störfaktoren bilden dabei aber die diagonal angewinkelten Gliedmaßen und besonders die aggressiv auf den Kopf des unteren Mannes gerichtete Spitze des Neonrandes der „Denkblase“ sowie die Lederriemen, mit denen die Handgelenke an den Bettrahmen gefesselt wurden. Als weiterer Faktor, der Spannung in die Ordnung bringt, wirkt die Bettpfanne mit ihrem harten Weiß. Sie setzt sich als deutlich ausgerichteter Kontrast auch gegen die übrige Farbigkeit ab und bildet somit einen Blickfang, der auf erniedrigende Vorgänge schließen lässt (siehe Skizze 2). Mit schmutzigen Rändern und innen ungereinigt ist sie, neben den abgeblätterten Stellen auf der Lackierung der Betten, Zeichen für die unhygienischen Bedingungen in diesem Anstaltsraum.

Beunruhigend, weil sie nicht der sonstigen realistischen Gestaltung der alten Männer entspricht, wirken die übermäßige, unnatürliche Glätte der Hautoberfläche und die unregelmäßigen Spuren, die darüberlaufen. Diesen unnatürlichen Eindruck hat Kienholz durch das moderne künstliche Material Fiberglas erzeugt. Auch über die Fläche der Denkblase laufen ähnliche unregelmäßige Spuren, die wie herunterfließendes Kondenswasser wirken.

Formal erzielte Kienholz die Einheit der Gegensätze mit der durch das Neonlicht einheitlich rosa-braun getönten Farbigkeit und mit der einheitlichen Lackierung der Körper.

Um seinen Figuren so viel Wirklichkeitsnähe zu geben wie möglich, nahm Kienholz mithilfe von Gipsbinden Abgüsse von lebenden Personen vor, ein Verfahren, dessen sich gleichzeitig auch **George Segal** erstmals bediente. Ähnlich wie Segal, der die Negativ-Schalen des Abformverfahrens anschließend zusammensetzte und die Wirkung seiner Figuren aus gespenstischem Weiß und einer gröberen Struktur auf den Außenseiten der Abgussschalen erzielte, erzeugte Kienholz diesen Effekt, nämlich die unruhige, irreale Wirkung der Oberfläche seiner Positivabgüsse in Gips, durch die grobe Verstärkung mit Fiberglas. So sehen die entstandenen Formen in ihren Proportionen und in ihrem Umriss realistisch, in ihrer Oberfläche aber befremdlich aus.

Trotz aller Realitätstreue, die Kienholz mit den Lebendabgüssen und den aus dem Alltag entnommenen Gegenständen suggeriert, handelt es sich bei „The State Hospital“ also nicht um eine bloße Imitation der Wirklichkeit. In Verbindung mit den surrealen Elementen wie den Fischgläsern, die den Kopf der Männer ersetzen, und der in Farbe, Form und Positionierung irreal erscheinenden abstrakten Fläche der „Denkblase“, die den oberen Mann mit dem unteren verbindet, entlarvt Kienholz sein Environment als gedankliches Konstrukt. Das wird auch daran deutlich, dass Kienholz immer schon vor Beginn seiner Materialsuche und vor Beginn aller handwerklichen Arbeiten bereits eine fertiggestellte, von ihm „Konzept-Tableau“ genannte Metallplatte vorlegte, in die alle genaueren Angaben, wie er sich die Ausgestaltung des Environments mit allen Details ausgedacht hatte, eingraviert worden waren.

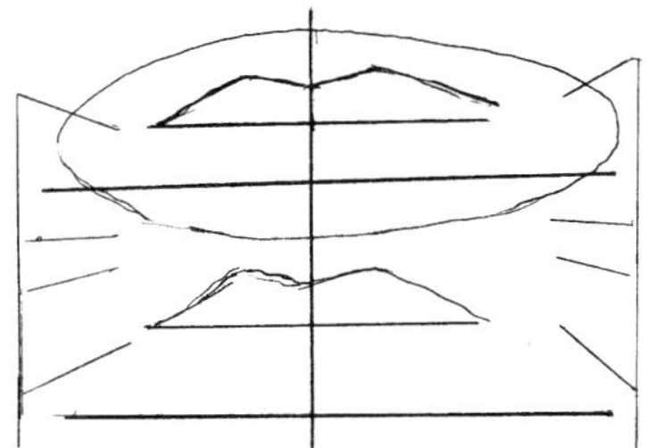

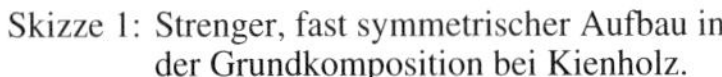

Skizze 1: Strenger, fast symmetrischer Aufbau in der Grundkomposition bei Kienholz.

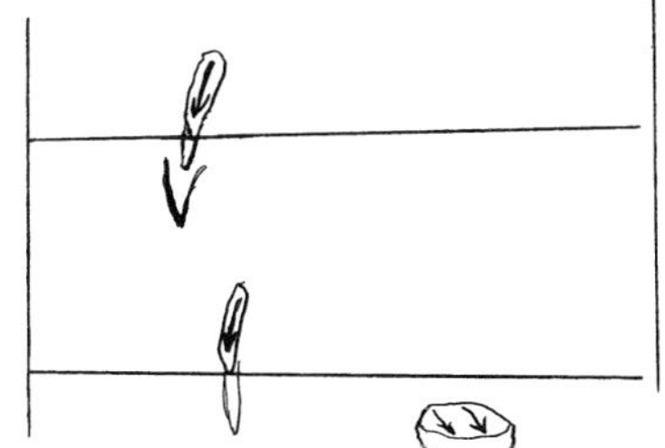

Skizze 2: Elemente, die Kienholz als störenden Blickfang genutzt hat.

Michelangelos Arbeitsweise, so lange vor einem Marmorblock zu brüten, bis vor seinem inneren Auge visionär die in diesem Stein optimal enthaltene Figur quasi aufleuchten würde, wird besonders bei dieser Skulptur mit ihren noch sichtbaren Außenmaßen des Marmors deutlich. Hier ist außerdem abzulesen, wie Michelangelo sich von den am stärksten vorgewölbten Stellen vorgearbeitet hat oder vorarbeiten wollte, bis das ganze Volumen von allen Seiten in gleicher Weise gestaltet ist. Am Ellbogen und Unterarm ist auf Abbildung 3 und 4 eine raue Kante zu bemerken, die auf die noch zu bearbeitende Armunterseite hinweist.
Auch Michelangelos weiterer spezieller bildhauerischer Prozess ist an der Figur des Gefangenen abzulesen. Er begann in der Mitte des Steins und arbeitete sich sorgsam nach oben und unten weiter, was auch an den stehen gebliebenen Kanten und den noch sichtbaren äußeren Grenzen des ursprünglichen Steinblocks deutlich wird (siehe Skizze 3).
Michelangelos Vorstellung, dass eine gebildhauerte Form so beschaffen sein sollte, dass man sie, ohne dass sie Schaden nähme, einen Berg herunterrollen könnte, zeigt sich hier in der Kompaktheit der blockhaften Form mit den weitgehend an den Körper angelegten Gliedmaßen und den voluminösen Einzelformen. Hier stehen keine Teile ab, die gefährdet wären.
Die Dynamik der Skulptur Michelangelos kommt nicht nur durch die Muskelkontraktionen zum Ausdruck, sondern auch durch die vorbereitete Kopfdrehung, die Eindrehung des rechten Oberschenkels im Verhältnis zum statischeren linken und durch die Drehung des linken Oberarmes im Verhältnis zum etwas statischer erscheinenden Ober- und Unterkörper (siehe Skizze 3). Auf Abbildung 4 ist noch klarer zu sehen, dass die stärkste Bewegung vom linken Oberschenkel ausgeht. Ellenbogen und Knie zeigen dabei in gegenläufiger Richtung in den sie umgebenden Raum.
In dem Zustand, in dem Michelangelo die Form belassen hat, trägt auch das unbehauene Material zur Gesamtwirkung bei, denn das Auge des Betrachters wird sehr stark geführt durch geradere Materialkanten wie zwischen den Beinen, am Rücken und am Steinblock oben (siehe Skizze 4). Die Bruchkanten des lastenden, noch unbearbeiteten Blockes über der Figur leiten den Blick besonders stark in den Umraum. In Angrenzung an die ausgearbeiteten Formen schaffen tiefe Einkerbungen außerdem einen starken Hell-Dunkel-Kontrast (siehe Skizze 4). Für

den Eindruck starker Dynamik sind also besonders die wechselnden Richtungsbetonungen, die Material- und die Hell-Dunkel-Kontraste verantwortlich.
In den der Natur abgeschauten Proportionen und der Ausarbeitung von Details wie den deutlich sichtbaren Muskeln und Sehnen findet sich ein hoher Ikonizitätsgrad. In der Vergrößerung der Gesamtmaße und den Materialkontrasten, also im Belassen des halb fertigen Stadiums, was das Gefangensein umso stärker verbildlicht, zeigt sich eine über das Naturvorbild hinausführende, zugrunde liegende Idee.

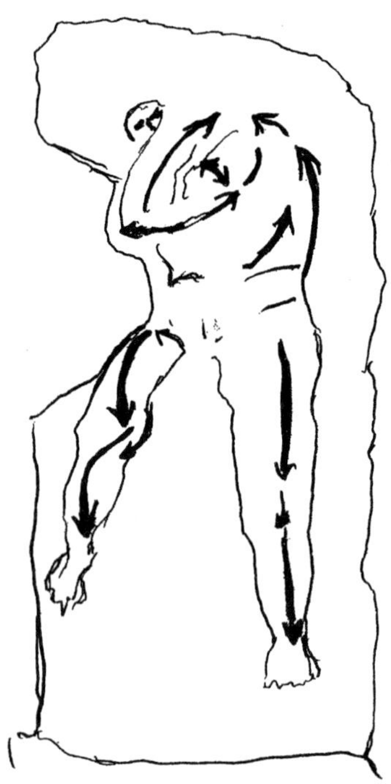

Skizze 3: Soll verdeutlichen, dass Michelangelo durch die gegenläufige Drehung von rechtem Oberarm und linkem Knie einen Augenblick starker Dynamik eingefangen hat.

Skizze 4

3. *Hinweis: Bei der Darstellung der künstlerischen Ziele sollten Sie die Ergebnisse Ihrer Beobachtungen aus Aufgabe 2 zur äußeren Form der Arbeiten mit Ihren Kenntnissen über die beiden Künstler und die Zeit, in der sie lebten, verknüpfen. Daraus ist anschließend das jeweilige Bild vom Menschen und die jeweilige Vorstellung von der Rolle der Kunst zu entwickeln.*

Das Leid, das sich in State Hospitals hinter verschlossenen Türen finden lässt, wird von **Kienholz** durch die abweisende Box verdeutlicht, die man nur – wie ein Voyeur – durch das vergitterte Fenster einsehen kann. Kienholz präsentiert hier einen unmenschlichen, würdelosen Zustand, der mit der Kahlheit des Raumes, den Fesseln, der fehlenden Bettwäsche und der schutzlosen Nacktheit vor Augen geführt wird. Menschen wie die hier vorgeführten können sich nichts anderes mehr vorstellen als eben diese ausweglose Situation, in der sie dahinvegetieren, was durch die „Denkblase“ verdeutlicht wird. Dort, wo normalerweise Individualität und differenziertes Denken beheimatet sind, nämlich im Kopf, findet sich bei diesen Männern eine glatte, dinghafte Form, deren Inhalt auf die bloße animalische Existenz beschränkt ist.
Kienholz war der erste, der es wagte, in einem Museum einen vollständigen Raum im Raum zu präsentieren. In einer Zeit, als in Amerika der abstrakte Expressionismus noch dominant die Kunstszene beherrschte, waren der gewagte Realismus von Kienholz wie auch sein provokantes Konzept etwas vollkommen Unerwartetes und Neues. Kienholz wird wegen seiner Materialcollagen aus Alltagsobjekten allgemein der Pop-Art zugerechnet, die gleichzeitig mit ihrem neuen Wirklichkeitsbezug für Verwunderung sorgte. Was aber nicht zu den Künstlern wie Warhol, Lichtenstein, Wesselmann, Rosenquist oder Oldenburg passt, ist das gesellschaftspolitische Engagement, das die Arbeiten von Kienholz auszeichnet. Kienholz prangerte direkt und ohne Umwege an, während die anderen Pop-Künstler scheinbar ihre Zustimmung zur Wirklichkeit der 60er-Jahre in Amerika zum Ausdruck brachten und nur indirekt – über die wahllos erscheinenden Motive und die aus den Medien entlehnte unpersönliche Technik und Präsentation – eine Art Antisensibilität, die die Gesellschaft der damaligen Zeit prägte und bis heute noch prägt, sichtbar machten. Durch die unmittelbare und unerwartete Konfrontation mit sich aufdrängenden unliebsamen Tabus wollte Kienholz den Betrachter so überrumpeln, dass dieser sich einer gefühlsmäßigen Stellungnahme nicht entziehen kann. Dazu waren ihm alle Mittel recht. Er attackierte den Betrachter nicht nur mit komplexen optischen Eindrücken, sondern auch mit Gerüchen. In anderen Arbeiten, wie z. B. dem transportablen Kriegerdenkmal, wurden auch akustische Elemente zugefügt. Solche speziellen Zutaten (hier: Fische, Geruch), die es den Konservatoren erschweren, die Environments in ihrem Originalzustand zu erhalten, hatte Kienholz als erster durchgesetzt. Sie sind ein Hinweis darauf, wie wichtig es für ihn war, einen ganz bestimmten Moment zu konservieren, also bewusst den Zeitfaktor zu thematisieren. Trotzdem sind seine Arbeiten auf Zukunft ausgerichtet, denn er zielte auf eine Veränderung der gesellschaftlichen Zustände ab, die er selbst als Pfleger in einer derartigen Anstalt auf abschreckende und ihn wohl verstörende Weise erlebt hatte.

Nur mit der Übertreibung, der Steigerung ins Groteske und der Einfügung abstrakter, zeitgemäßer Bildzeichen (Denkblase) glaubte Kienholz wohl den abgebrühten Besucher überhaupt noch erreichen zu können. Hier aber liegt auch die inhaltliche Überfrachtung und Gefährdung mancher seiner Arbeiten, wie z. B. des Environments „Der Tag der Geburt".
Ein Abgussverfahren von lebenden Objekten muss den Bildhauern der traditionellen Schule als Schlag ins Gesicht erschienen sein, denn hiermit stellte sich die Frage nach der künstlerischen und handwerklichen Qualifizierung. Solche Vorwürfe konnten Kienholz aber nicht treffen, denn die neue künstlerische Qualität lag für ihn nicht allein in den plastischen Körpern oder den Gegenständen, mit denen er diese kontrastierte, sondern in der Zusammenstellung vieler Details zu einer Gesamtraumatmosphäre, deren Eindringlichkeit und Überzeugungskraft für ihn im Vordergrund stand. Sein Arbeitsprozess bestand also zunächst aus der Suche nach einem passenden Modell für die Abgüsse, nach sprechenden, aussagekräftigen Details und nach angemessen proportionierten Raumformaten.
Mit seinem Engagement bei der Aufdeckung gesellschaftlicher Missstände hat Kienholz in den frühen 60er-Jahren die Form von Kunst bereits vorbereitet, die in den letzten 15 Jahren als „politically correct" in Amerika vorrangig gefragt war.

Während **Kienholz** mit „The State Hospital" seine Zeit mit Lebendabgüssen von Menschen schockierte, die er in entwürdigenden Situationen vorführte, stieß zu Beginn des 15. Jahrhunderts **Michelangelo** mit der Nacktheit von Männerfiguren, die ihre Nacktheit nicht wie Adam im Paradies oder der gesteinigte heilige Sebastian aus der religiösen Thematik ableiten konnten, auf Unverständnis und Gegenwehr. Angeblich bestanden z. B. tonangebende Personen im Vatikan darauf, dass die entblößten Geschlechtsteile der Figuren, die Michelangelo in der sixtinischen Kapelle gemalt hatte, von anderen Künstlern mit gemalten Lendentüchern überdeckt wurden.
Michelangelos „Atlassklave" präsentiert sich als ein im Stein Gefangener. Er muss sich erst daraus befreien, sowohl als Sklave als auch, was seine Nacktheit betrifft. Es ist kaum vorstellbar, dass die Arbeit an Überzeugungskraft gewinnen würde, wenn Michelangelo sie fertiggestellt hätte. Vielleicht war das Etikett „unvollendet" für ihn auch ein Schutz, um diese Skulptur, bei der er mit dem Kontrast von bearbeitetem und unbearbeitetem Material eine höchstmögliche Ausdruckskraft erreicht hatte, nicht fertigstellen zu *müssen*, wodurch sie, auch in seinen Augen, an Qualität eingebüßt hätte. Denn die Plastik steht, so, wie sie in diesem Zustand erscheint, genau für die Kraft, mit der Menschen und auch Künstler sich um 1500 von Fesseln zu befreien versuchten, ohne dass es ihnen vollständig gelang. Es ist u. a. bekannt, dass Michelangelo unter größter Gefahr im Geheimen Tote sezierte, um den nackten Körper nicht nur von außen betrachten zu können, sondern um auch zu verstehen, warum sich Muskeln und Sehnen in der Form im Außen zeigen, wie sie hier bildhauerisch freigelegt wurden. Aber auch er blieb trotz seiner Bemühungen um individuelle Freiheit und größere persönliche Einsichten in den Fesseln des Vatikans verhaftet, der sein größter Auftraggeber war.

Mit dem Versuch, die optische Wirklichkeit genau zu erfassen und darüber hinaus seinen Figuren sinnbildhaften Charakter zu verleihen und nicht nur die von der Kirche vorgegebenen Themen auszuführen, erwies sich Michelangelo als einer der wichtigsten Vertreter der Renaissance. Obwohl der Auftrag zur vorliegenden Plastik von einem Papst erteilt wurde, hat Michelangelo hier bereits eine sehr subjektive Interpretation eines Menschen und eines Themas begonnen, das aus der griechischen Mythologie stammt. Das neu erwachte Interesse an der griechischen Kultur findet sich auch in der Vorstellung vom Einzelmenschen, seiner Kraft und seiner Rolle in Gesellschaft und Politik sowie in der Vorstellung, dass Kunst in der Lage sein könnte, in der Demonstration dieser Kraft ihren Beitrag zum Umdenken in der Gesellschaft zu leisten. Nur hierin trifft sich **Michelangelos** Vorstellung mit der von **Kienholz**.
Das neu erwachte Bewusstsein der Wissenschaftler und der Künstler der Renaissance für Freiheit ist auch an den anderen Sklaven, die für das Grabmal von Julius II. begonnen worden waren, ablesbar.
Wie in der Figur des Gefangenen, der seine Fesseln im nächsten Moment zu sprengen scheint, findet sich das neue Selbstwertgefühl auch in der Figur des **David**. Auch bei ihm ist mit der übertriebenen, nicht dem menschlichen Maß entsprechenden Größe eine gigantische Kraft spürbar. Während sich die Philosophie und Kunst der Renaissance eindeutig auf die griechische Antike bezogen, unterscheiden sich einige Skulpturen Michelangelos hierin von ihr, denn für die Griechen war der Mensch das Maß aller Dinge. Während die griechischen Bildhauer unindividuelle Menschen mit Idealkörpern und -gesichtern entwickelten, finden sich in einigen Arbeiten Michelangelos individuelle, von innerer Gestimmtheit geprägte Gesichtszüge und ausdrucksgeladene Proportionierungen (z. B. die zusammengezogenen Brauen und die überdimensionierten Hände Davids). Damit und auch mit der Kontrastierung der Stadien des Arbeitsprozesses wie bei der vorliegenden Skulptur weist Michelangelo weit über seine Zeit hinaus.
Rodin nahm mit seinen rund 400 Jahre später entstandenen Torsi und mit dem von ihm genauso ausdruckssteigernd eingesetzten Gegensatz von bearbeitetem und unbearbeitetem Material wie auch mit der Dynamik von Körperdrehungen und der Ausdruckskraft stark ausmodellierter Volumina (Muskeln, Sehnen) das wieder auf, was Michelangelo schon so früh als Idee entwickelt hatte. In der Zwischenzeit war diese Freiheit in der bildhauerischen Präsentation wieder vollständig in Vergessenheit geraten.
Michelangelo wurde trotz zahlreicher Anfeindungen von vielen seiner Zeitgenossen als „göttlicher Michelangelo“ verehrt, als einer, der in der Lage ist, dem toten Gestein Leben einzuhauchen.
Dass **Raffael**, **Leonardo da Vinci** und **Michelangelo** so sehr bewundert wurden, zeigt, welche Hochachtung den genialen Leistungen in verschiedenen künstlerischen Bereichen sowie den unermüdlichen, übermenschlichen Kraftanstrengungen Michelangelos zugemessen wurde. Michelangelos Beharren, seine Vorstellungen von Kunst auch gegen die Mächtigsten seiner Zeit durchzusetzen, macht deutlich, dass auch er an die Macht seiner „Eingebungen“ glaubte. Dieses trotzige Aufbegehren zeigt sich in der Figur des Gefangenen.